La France fantastique

40 ITINÉRAIRES *au pays des légendes*

La France fantastique

40 ITINÉRAIRES *au pays des légendes*

DIMITRI DE LAROCQUE LATOUR

L'AUTEUR

Né en 1996, Dimitri de Larocque Latour passe son enfance entre la Normandie des goubelins et la Vendée de la fée Mélusine. Là, chaque été, il retrouve son oncle, peintre de *La Dame blanche de l'abbaye de Mortemer*. Au cœur du château familial, construit sous Louis XIII, le peintre a son atelier ; lieu secret, interdit comme l'esplumoir de Merlin, où naissent les créatures de ses rêves : la garache, les lavandières, les bœufs de la Mort, etc... À dix ans, Dimitri découvre l'ouvrage *La France hantée* de Sir Simon Marsden. Sous-titré *Voyage d'un chasseur de fantômes*, ce livre est un choc esthétique mais surtout spirituel, et lui fait débuter sa propre quête. Ses photos ont été présentées plusieurs fois aux Rencontres d'Arles, et dans des lieux hantés, comme les châteaux d'Angers et de Carrouges (avec le soutien du Centre des Monuments Nationaux).

« SITE : LAROCQUELATOUR.COM »

À la dame blanche,

Être « chasseur de légendes » consiste à suivre un cerf ou un sanglier blanc jusqu'à ne plus voir dans quel domaine on s'aventure. L'illusion de la quête évanouie, l'âme se retrouve dans son propre royaume, reflet de ses pensées... Parfois, le chasseur devient lui-même la proie, tel Actéon devant Diane, – transformé en cerf par la déesse fâchée de son indiscrétion, il est dévoré par ses chiens. L'objectif de ce guide : vous éviter pareille déconvenue.

Longtemps, les légendes contaient la vie des saints. Dans ce livre, il s'agit de lire entre les lignes de l'Histoire. Nous avons tous, près de chez nous, une « pierre aux fées », une « grotte des dames », un « palet de Gargantua »,... ces appellations folkloriques recouvrent un usage de sanctuaire, immémorial. Cachées dans les ronces, souvent (par chance) oubliées des panneaux informatifs, ces lieux sont veillés par des génies tutélaires. Ce sont eux que nous allons suivre, de région en région. Ainsi, la vouivre nous mènera du Jura au Bourbonnais ; le Grand Veneur, de Fontainebleau à Rambouillet ; le Faucon noir de l'Anjou à l'Orléanais, etc. Vous trouverez aussi toutes les informations pratiques, comme les moyens d'accès en transport en commun, – histoire de ne pas laisser votre voiture à portée de tir des génies troublés.

Les dryades et les sylphes nous espèrent au rendez-vous d'une colline ou d'un ruisseau ; portes du Temps subtil. On s'évanouit, quelques heures, dans l'essentiel. Le paysage est un véhicule dont il faut parfois descendre et marcher en soi-même : La France fantastique tente cette approche, intime et rêveuse, de notre géographie à la robe de châteaux lunaires et forêts émeraude.

CARTE DE FRANCE DES LÉGENDES

La Manche
Océan Atlantique
Mer Méditerranée
Lille
Rouen
Brunehaut
p. 62
Compiègne
Les deux amants
p. 100
la Seine
Strasbourg
Brest
Saint-Malo
Paris
Nancy
p. 12
Les Vosges
Grand lac de la vallée du Rhin
le Rhin
Cité d'Ys
p. 32
Rennes
Foulques Nerra
Le Grand Veneur
p. 82
Orléans
Taennchel
Ribeauvillé
Angers
p. 140
la Loire
Auxerre
Nantes
Tours
Dijon
Le Jura
La Roche-sur-Yon
La vouivre
p. 164
Chalon-sur-Saône
Mélusine
p. 210
Clermont-Ferrand
Lyon
p. 186
Les Alpes
Poséidon
le Rhône
Bordeaux
Le Massif Central
la Garonne
p. 232
Acella
Arles
Toulouse
Marseille
Les Pyrénées

Sommaire

L'ÎLE PERDUE

Quand la mer couvrait l'ensemble de la plaine rhénane, les navigateurs faisant cap vers l'Afrique passaient par le chenal des Vosges et de la Forêt-Noire. Souvent, ils amarraient leur frégate à un point d'une montagne qu'ils prenaient pour une île habitée par un dieu, auquel ils demandaient protection. Peu à peu, le niveau de la mer baissa, et les marins perdirent leur sanctuaire. Des anneaux de fer ou d'or indiqueraient l'amarre de ces bateaux : on en trouve sur les monts Taennchel et Sainte-Odile. Plus tard, suivant ces lignes de crête, un « mur païen » forma une frontière, d'abord romaine, puis carolingienne, entre les terres du nord (Nordgau) et celles du sud (Sundgau) de l'Alsace ; mais les traditions surnomment l'ouvrage « mur des Sorcières », y situant les pires sabbats. Toujours dans cet axe, entre les Vosges et la Forêt-Noire, quelque part en retrait du chenal, s'est créé comme un lac, réservoir de dragons et de sirènes ; la montagne de Ribeauvillé, voisine, conserve les ruines de trois châteaux, comme trois vaisseaux échoués.

« Quand la mer couvrait l'ensemble de la plaine rhénane, les navigateurs faisant cap vers l'Afrique passaient par le chenal des Vosges et de la Forêt-Noire. »

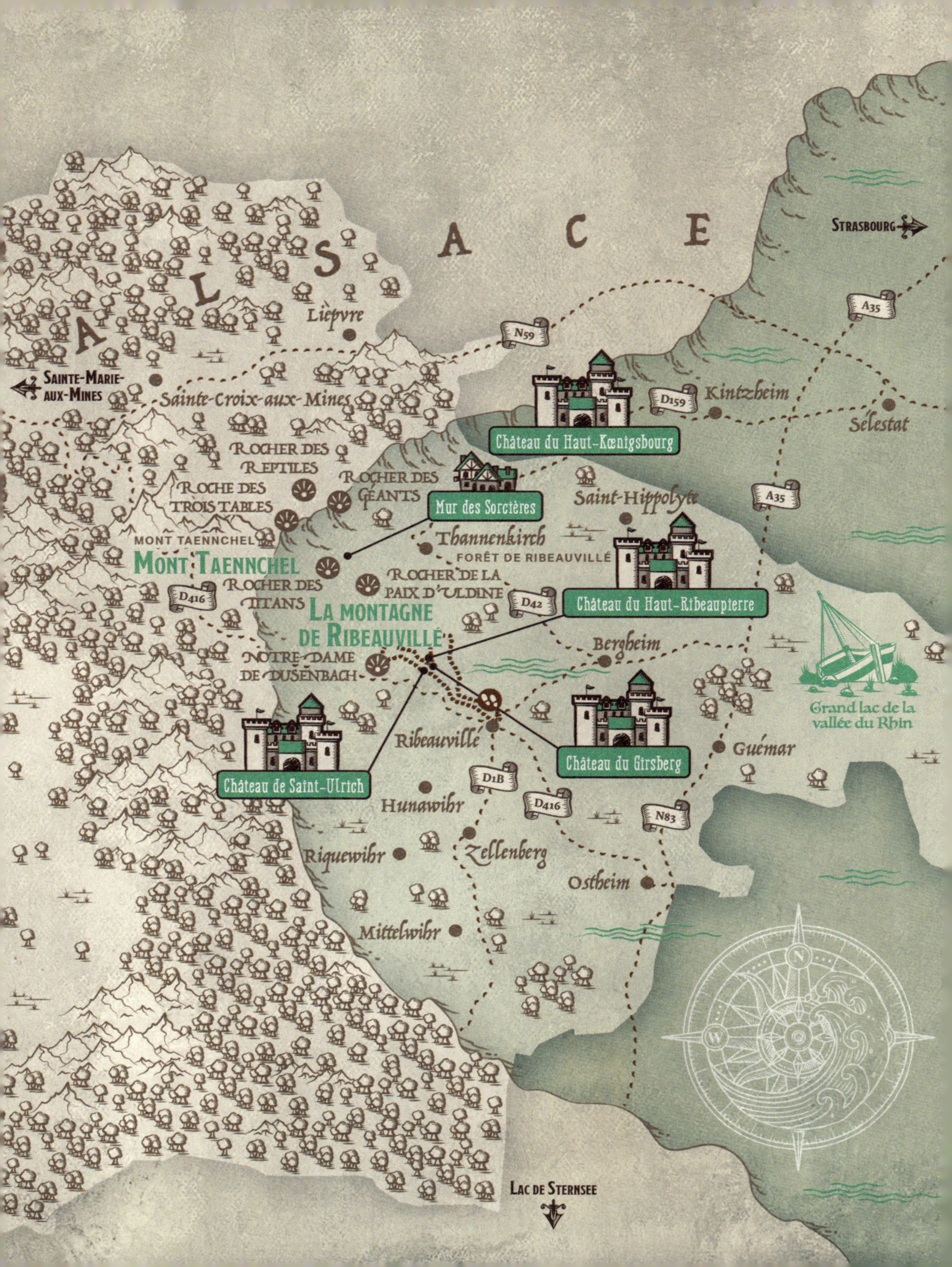

ALSACE
Strasbourg
A35
N59
Liepvre
Sainte-Marie-aux-Mines
Sainte-Croix-aux-Mines
Château du Haut-Kœnigsbourg
D159
Kintzheim
Sélestat
Rocher des Reptiles
Roche des Trois Tables
Rocher des Géants
Mur des Sorcières
Saint-Hippolyte
A35
Mont Taennchel
Mont Taennchel
Thannenkirch
Forêt de Ribeauvillé
Rocher des Titans
Rocher de la Paix d'Uldine
D416
D42
Château du Haut-Ribeaupierre
La montagne de Ribeauvillé
Notre-Dame de Dusenbach
Bergheim
Grand lac de la vallée du Rhin
Château de Saint-Ulrich
Ribeauvillé
Château du Girsberg
Guémar
D1B
D416
N83
Hunawihr
Riquewihr
Zellenberg
Ostheim
Mittelwihr
N
W
Lac de Sternsee

+ LA MONTAGNE DE RIBEAUVILLÉ

Sur les premiers sommets bleus des Vosges, le château d'un kaiser marque l'ancienne limite de l'Allemagne. Peu après, trois burgs en ruine apparaissent : trois vaisseaux échoués sur trois pics d'une montagne ensorcelée.

Le château du Haut-Kœnigsbourg

Le bus vient de quitter Sélestat. Nous sommes le 31 octobre, veille de la fête celtique de *Samain*, devenue Halloween. À cette date, la frontière entre le monde des morts et celui des vivants est ouverte. Il faut être sur ses gardes ; ne pas approcher les rocs sacrés, les châteaux en ruine… sous peine d'en rester captif. Que suis-je sur le point d'accomplir ?

Prégnant comme l'attraction d'un pôle, un château s'élève sur une montagne. Le bus paraît filer vers lui, avant de se raviser ; de contourner lentement cette montagne, tel un rite de passage. Cette montagne est la Stophanberch, et son château celui du Haut-Kœnigsbourg. Fondé au XIIe siècle, il fut le repaire de puissants maîtres et de grandes dynasties. Leurs noms tournent dans ma tête, comme des aigles noirs : Hohenstaufen, ducs de Lorraine, Habsbourg… Oublié pendant près de trois siècles, le Haut-Kœnigsbourg fut « recréé » au début du XXe siècle par le kaiser Guillaume II. À ses yeux, le château marquait la limite occidentale de l'empire d'Allemand. Passons vite ! Cette montagne va se réveiller d'une minute à l'autre, comme beaucoup en Alsace, géants qui se languissent toute l'année en attendant de renaître la nuit de *Samain*…

Entre autres fantômes, le Haut-Kœnigsbourg est hanté par une « demoiselle en jaune ». Elle apparaît à l'heure du déjeuner, près de la tour d'angle la plus robuste, détache une clé de sa ceinture d'or, et la brandit. Si nous pouvions la suivre, sans dire quoi que ce soit, jusqu'à l'entrée des souterrains, elle nous permettrait de faire notre choix au milieu d'un trésor. Cette récompense lèverait en même temps sa malédiction. Seuls les enfants nés un dimanche peuvent suivre cette demoiselle, ou ceux nés pendant les Quatre-Temps – périodes de jeûne pour les catholiques au seuil de chacune des quatre saisons.

Après cette rude approche, je quitte la plaine d'Alsace, et me hausse vers le col de ces géants, dans les premiers monts bleus des Vosges. Derrière moi, au-delà du Rhin, en Allemagne, on devine la Forêt-Noire, distante d'une cinquantaine de kilomètres. De tous côtés de la route, les vignobles s'étendent, ceignant les villages aux beaux géraniums. Nous traversons Saint-Hippolyte, Rorschwihr, Bergheim, puis Ribeauvillé. Le GR 5 permet de relier à pied le château du Haut-Kœnigsbourg et notre prochaine destination.

Château du Haut-Kœnigsbourg

Accès — *Orschwiller, à 14 km de Ribeauvillé. Navette depuis la gare de Sélestat.*

Visite — *Ouvert tte l'année. Juin-août : tlj. 9h15-18h45 ; horaires réduits le reste de l'année. Fermé 1er janv., 1er mai, 7 juil. et 25 déc. Visite libre ou thématique. Nombreux ateliers et événements. Tarif 9 €. 03 69 33 25 00, www.haut-koenigsbourg.fr*

Circuit du Haut-Kœnigsbourg

Départ — *1, rue Saint-Georges, Châtenois.*

Itinéraire — *Boucle de 19 km balisée rectangle rouge (GR 5), rectangle rouge et blanc et losange, et rectangle jaune. Durée : env. 6h. Difficulté : difficile.*

Le château de Saint-Ulrich

La montagne de Ribeauvillé est un géant à trois têtes : trois châteaux – auxquels on accède par un sentier balisé (GR 5) – se dressent sur trois éminences de la montagne. Cet étalage démontre la puissance de l'antique famille Rappolstein, ou Ribeaupierre en français, qui s'illustre dès le XIIe siècle, quand Egenolphe d'Urslingen acquiert la seigneurie de Ribeaupierre. Son fils, croisé, participe au siège de Constantinople en 1204. Quelques années plus tard, en revanche, Anselme II le Hardi est rapidement nommé le Cruel. Il multiplie les razzias, devenant la terreur des environs. Chaque fois, après avoir chassé les autres membres de sa famille, détruit et pillé nombre de villages, il remontait dans son château, riant comme un diable. Surtout, il refusa l'union de sa nièce Gertrude avec Rodolphe de Horbourg, pauvre seigneur de Zellenberg. Un soir de Noël, les jeunes gens allaient obtenir la bénédiction du chapelain : leur point de rendez-vous était sur la route de la vallée de Sainte-Marie ; mais quand Rodolphe rejoignit Gertrude, aux premiers rocs de Ribeaupierre, son cœur engouffra la flèche du cruel châtelain. À l'aube, le cadavre de Gertrude gisait à ses côtés. Depuis, chaque nuit de Noël, une jeune fille pâle circule dans les ruines du château de Saint-Ulrich ; elle s'arrête devant une porte, munie d'une clé. Un cavalier surgit, mais quand elle l'aperçoit, elle se barricade. Pour briser le mal, il faudrait qu'un vivant se mette en condition de les unir Quant à Anselme le Cruel, il fut damné et mène depuis une chasse sauvage dans le ciel, les nuits d'automne.

Voici d'ailleurs son château : Saint-Ulrich, le plus vaste des trois. Il fut habité jusqu'au XVIe siècle. En m'y promenant, j'ai le sentiment de marcher dans une somptueuse épave – ne dit-on pas de l'un de ses occupants qu'il voulut épouser une sirène, et fut maudit pour cela ? Au milieu des ruines, un rêve byzantin fleurit. Les niches et les rosaces s'ouvrent vers le village. Toute la fortune des Ribeaupierre n'a pas sombré avec le château : une collection de hanaps, ces vases à boire du Moyen Âge, en vermeil, est exposée dans la salle du Trésor de Ribeauvillé, au cœur de l'hôtel de ville. Les seigneurs les donnèrent en paiement de leurs dettes.

Ribeauvillé

Accès — *À 17 km de Colmar. En train, par Sélestat, bus TER jusqu'à Ribeauvillé.*

Visite — ***Salle du Trésor** : 2, pl. de l'Hôtel de ville. Sur réservation. Accès gratuit. 0389732000, www.ribeauville.fr*

Sentier des Trois Châteaux

Départ — *Depuis le parking du Zahnacker, remonter la Grand-Rue vers la place de la République, le GR 5 se situe sur la droite.*

Itinéraire — *Boucle de 7 km balisée rectangle rouge (GR 5), rectangle rouge et blanc, et croix. Durée : env. 2h30. Difficulté : facile.*

Le château du Girsberg

Face au chateau de Saint-Ulrich, voici celui du Girsberg. De loin, je ne distingue pas le château de la roche ; de près, il semble la prolonger comme une flamme. N'en reste que le donjon, tête d'un géant qui nous observe par-dessus son épaule mais nous laisse tranquilles, occupé à défier les deux autres châteaux en ruine, comme se sont défiés leurs seigneurs… Au début du XVe siècle, Maximin de Ribeaupierre se querella avec Guillaume de Girsberg : il le tua, puis récupéra le château confisqué à sa famille un siècle plus tôt.

Cette histoire est-elle à l'origine de la légende des deux frères ? Autrefois, deux fils d'un comte de Ribeaupierre habitaient ces deux châteaux. Chaque matin, ils se saluaient d'une flèche d'arbalète dans les volets.

Un jour d'octobre, ils devaient chasser l'ours dans la montagne ; depuis sa brusque réapparition, les villageois étaient effrayés. Mais, la veille, ils se disputèrent. Épris de la fille d'un saltimbanque, le cadet fut la cible des reproches de l'aîné : « Amour impossible ! », criait ce dernier, à cause de la mésalliance. L'échange fut cruel. Le lendemain, le plus jeune, pour enterrer la hache de guerre, lança sa flèche amicale dans le volet de l'aîné au moment où celui-ci l'ouvrait : la flèche lui entailla le cœur. Terrifié, le cadet disparut dans la forêt, où il devint un homme aussi sauvage que l'ours que ses flèches n'abattraient jamais. Il mourut de folie, mais son fantôme vint longtemps se lamenter les nuits d'automne. Bien des années plus tard, le fils de la musicienne chérie composa un chant où il priait Notre-Dame de Dusenbach – dont la chapelle accueille les pèlerins sous la montagne – de lui donner la paix. Quand le violon du jeune homme lança les premières notes, une harmonie s'éleva des deux châteaux.

Le spectre du remord hante ce chemin, précisément, mais, partout dans la montagne de Ribeauvillé, d'énormes racines poussent comme des bras scellant des pactes. Peut-être des manœuvres entre l'arrogant Anselme II et les forces infernales ? À cause des racines, je glisse et crois entendre rire… mais ce ne sont que des cailloux qui se gorgent de mon sang. Je hâte le pas. Le seigneur Anselme m'a-t-il pris pour le marieur des fantômes ?

« *Le spectre du remord hante ce chemin, précisément, mais partout dans la montagne de Ribeauvillé, d'énormes racines poussent comme des bras* scellant des pactes. »

Fête des Ménétriers

Depuis le XIVe s., des centaines de ménétriers — musiciens et troubadours — se rejoignent à Ribeauvillé pour célébrer leurs mécènes historiques, les seigneurs de Ribeaupierre. Cette fête du Pfifferdaj (« jour du flûtiste »), la plus ancienne d'Alsace, a lieu le premier dimanche de septembre. Pour l'occasion, le vin coule dans la fontaine de Marktbrunnen ! 03 89 73 20 04 (mairie), www.ribeauville.fr

Le château du Haut-Ribeaupierre

Le plus énigmatique des trois châteaux de Ribeauvillé, le plus petit et le plus ancien, se trouve au sommet de la montagne, mais reste à portée d'alarme des deux autres. Perché à près de six cent cinquante mètres d'altitude, le Haut-Ribeaupierre, ou Altenkastel, devait guetter les invasions de l'Alsace par le roi de France, avant d'être abandonné à la fin de la guerre de Trente Ans, les traités de Westphalie (1648) intégrant une partie de l'Alsace au royaume de Louis XIV. L'une des habitantes du Haut-Ribeaupierre était si vaniteuse, dit-on, qu'elle y apparaît encore la nuit, devant un gigantesque miroir. Sous mes yeux, un couple s'embrasse dans les ruines. La dame au miroir doit les regarder avec envie… Irait-elle jusqu'à leur jeter un sort ?

Comme je redescends la montagne, en direction du village de Ribeauvillé, je sursaute quand j'entends un père dire à son fils, en désignant le donjon de Saint-Ulrich : « Ça, tu vois, c'est la tour de la Sorcière… » L'enfant affiche un sourire inquiet. L'Alsace, comme les autres provinces du Saint Empire romain germanique, fut marquée par une *Hexenwahn* (une « chasse aux sorcières ») particulièrement active. À la fin du XVe siècle, déjà, sous l'impulsion du pape, deux dominicains, dont l'un de Sélestat, avaient rédigé le *Malleus Maleficarum*. Édité à Strasbourg, ce « Maillet des sorcières » indiquait la marche à suivre pour les « reconnaître » et les punir. Mais le délire s'intensifia en 1532, lorsque Charles Quint fit stipuler dans le Code criminel que « celui qui aura dommagé à quelqu'un par sortilège sera puni de mort, et la punition sera celle du feu ». En Alsace, région de frontière religieuse, où les tensions sont d'autant plus vives, la moindre fausse couche, la moindre pluie abondante ou sécheresse peut être imputée aux femmes, qu'elles soient riches ou pauvres. La jalousie trouve ici son expression la plus horrible. Le tribunal – civil – des Maléfices fait sa dernière victime en 1685. On incriminait le plus souvent des femmes, mais aussi des hommes et des enfants : pour ne pas prolonger la torture, la plupart des accusés avouaient rapidement… En moins de trente ans, cinq mille bûchers s'élevèrent en Alsace. Jusqu'en 1683, Bergheim, village que possédaient les seigneurs de Ribeaupierre, était l'épicentre des procès en sorcellerie. Durant un siècle, une quarantaine d'accusées y furent brûlées ou pendues. Aujourd'hui, la **Maison des sorcières** commémore ces femmes, victimes de la médisance. À vol de hibou, ce musée, installé dans l'ossuaire de l'église, est tout proche de la montagne.

Haxahus, la Maison des sorcières

Accès — *Place de l'Église, Bergheim, à 4 km de Ribeauvillé (dans l'ancien ossuaire de l'église).*

Visite — *Juil.-août : mer.-sam. 14h-18h ; sept.-oct. : dim. 14h-18h. 03 89 73 38 91, www.haxahus.org*

Maison des Tanneurs

Accès — *114, Grand-Rue, Ribeauvillé.*

Visite — *Ses façades sont sculptées d'étranges têtes grimaçantes. Vous pouvez y dormir, elle accueille un gîte pour les vacances. 06 13 14 19 49.*

LE MONT TAENNCHEL

Une ancienne forêt de chênes est le repaire de nombreux géants, et de rochers aux ondes si puissantes qu'il est déconseillé de les fréquenter plus d'un quart d'heure.

Le lendemain de mon exploration de la montagne de Ribeauvillé, le jour des Morts, je prends la direction du mont Taennchel. Pour l'atteindre depuis Ribeauvillé, il faut suivre le GR 5, repasser devant les trois châteaux, puis s'engager dans un lacis de chemins scabreux. Pendant près de trois heures, je m'enivre de l'odeur des sapins, ne croisant personne, excepté quelques écureuils. Le lynx, réintroduit ici dans les années 1990, est l'autre seigneur absolu de la montagne. Sans carte, on peut se fier au balisage du Club vosgien, mais il faut prier les *kobolds* de n'y pas toucher – ces gnomes des forêts nordiques montent parfois les lynx et vous sèment sans délai. Leurs maîtres sont Loki et Wotan. À la fin du XXe siècle, trois statuettes représentant ces dieux alémaniques, tenants de la magie la plus redoutable, furent découvertes sur le Rammelstein, sommet du Taennchel. Désormais, leurs rires hantent les allées du musée Unterlinden de Colmar, où elles sont exposées.

Enfin, je distingue la crête du Taennchel, ceinte d'arbres à demi défeuillés après qu'un dragon y a jeté sa colère. Ils m'apparaissent telles ces haies de crânes gardant les maisons d'enchanteurs. Après un énième virage, l'atmosphère change brusquement. Un panneau indique « Zone de silence ». Ici, la chênaie de Ribeauvillé devient sanctuaire du mont Taennchel. De gigantesques sapins se murmurent des secrets. À mille mètres d'altitude, le Taennchel a tout d'une forêt primaire : des souches pourrissent depuis des siècles. Certaines ont l'apparence de gargouilles, on se prend à les saluer. Au sol, les feuilles mortes luisent comme les bris d'un vitrail… Le danger rôde près de ces rocs aux ondes si puissantes, disent les géobiologues, que leur approche ne doit être prolongée. Le **rocher des Anneaux** et celui des **Reptiles**, en particulier, produisent ces vibrations. Près d'eux, la moindre de nos pensées met dans nos pas le monde des génies. Plusieurs fois, sur la crête, je longe le Mur païen, longtemps appelé « **mur des Sorcières** » – comme il franchit les sommets, on le croyait lieu des sabbats. Ce Mur païen est-il cette énigmatique construction du Ier siècle av. J.-C., que l'on retrouve un peu plus loin, sur le mont Sainte-Odile, et même à Cuzco, au Pérou ?

Sous un tronc en décomposition, une touffe d'herbe à vipère exhibe ses globes à demi rongés. Ils ont la couleur orange du pavillon des risques mortels. Cette plante eſt le gouet tacheté. « *Arum maculatum* ! », dis-je plusieurs fois, scandant son nom botanique, pour me raviver, quitte à passer pour un fou aux yeux des lynx. L'herbe aux serpents, son autre nom, n'eſt pas la seule à rougir ici : toutes les feuilles de chêne, à l'imitation des murs de grès du château de Saint-Ulrich, sont comme des bûches brûlées de l'intérieur, une illusion de braises. Un maigre souffle de vent, une haleine de dragon les décomposerait alors, en une seconde ; feuillages et murs, le décor se disperserait tel un grimoire jeté dans les flammes. Par moments, des huttes friables apparaissent ; on les pourrait croire séjour d'un peuple antique. Vers le **rocher de la Paix d'Udine**, des roulements de pierres le long des pentes essaient de m'intimider. « *Arum maculatum* ! », dis-je, une dernière fois, pour éloigner le mauvais œil.

Mont Taennchel

Accès — *Depuis Ribeauvillé, via le circuit des Trois Châteaux. Chemins parfaitement balisés par le Club vosgien. Durée : env. 3 h. Difficulté : difficile. Ou au départ du parking du cimetière de Thannenkirch. Distance : boucle de 15 km (balisée rond rouge par le Club vosgien). Durée : 6h. Difficulté : difficile.*

Randonnée « Le tour du Taennchel »

En juil.-août, l'office de tourisme du Val d'Argent propose cette randonnée de 14 km accompagnée d'un guide. Pendant une journée, vous apprendrez tout sur la géologie du massif, et peut-être quelques secrets sur le rocher des Anneaux. 03 89 58 80 50, www.valdargent-tourisme.fr

Mon exploration s'achève près du **rocher des Géants**. Il constituait la base d'un pont que ces géants devaient construire au-dessus du val de Lièpvre. Comme ils se rebellèrent, leurs maîtres, esprits chtoniens, les enfermèrent sous la montagne jusqu'à la fin des temps. Quand le fœhn – ce vent très sec, soufflant du sud – brûle les pans du Taennchel, il imite leur voix. J'en frémis. Il est tard. Depuis combien de temps suis-je dans ces bois? Sur le chemin du retour, des nappes de brume m'enroulent tels des linceuls provisoires. Ressortirai-je de toutes ces chrysalides? Quand une trouée m'annonce le village de Ribeauvillé, je ne le vois plus. La vapeur le couvre; elle fait redevenir le Taennchel une île, et les Vosges un chenal. Le temps est inversé; quelque chose comme une carène, lentement, cingle vers l'anneau d'or.

“ *Sur le chemin du retour, des nappes de brume m'enroulent en des linceuls provisoires.*

Ressortirai-je de toutes ces chrysalides ? ”

Les Cabanes Essentielles

À Melkerhof, Thannenkirch. En lisière de forêt, au pied du Taennchel, trois cabanes écologiques en bois au milieu des chênes et des cerisiers sauvages. À partir de 125 €/nuit. 03 89 58 61 08, www.les-cabanes-essentielles.fr

L'enfant du lac de Sternsee

Au fond du lac de Sternsee, dans les Vosges, apparaissait le visage pâli d'un enfant, au milieu des nénuphars. L'enfant s'était noyé, croyant ramasser la plus belle étoile tombée dans la forêt – il l'avait vue, depuis la fenêtre de son château voisin. Ce sacrifice permit de lever la malédiction de l'étang ; et les poissons revinrent, tout comme les fleurs.

Accès — *Rimbach-près-Masevaux, à 80 km de Ribeauvillé. Accès au lac uniquement à pied : depuis Neuwelher, compter 1h de marche ; depuis la ferme-auberge du Riesenwald, env. 40 min.*

COMMENT TROUVER UN LIEU FÉÉRIQUE ?

Quelques indices montrent que vous êtes sur la voie d'un lieu où il se passe quelque chose. Pour vous faciliter la tâche, voici des recommandations.

Suivre les primevères

Dans de nombreuses légendes, suivre des primevères mènerait au château des fées. Ce château est toujours ruineux d'aspect ; mais, à l'intérieur, tout y est du plus somptueux apparat. Lorsqu'on entre dans ce château, des vasques, toujours de primevères, signalent un trésor enfoui. Vous pourrez très bien l'emporter, à la condition expresse de replanter des primevères, sous peine qu'un chien noir vous morde le restant de vos jours.

Creuser la toponymie

Lorsque les « fleurs-clés » se font discrètes, une autre méthode, infaillible, est de creuser la toponymie du lieu. À Breux, dans les Ardennes, la Bosse des Fées signale une source. Le village de Gigny, dans le Jura, tient son nom du grec *gyné*, « femme » – des villageois disaient voir les dames vertes s'ébattre dans l'herbe. Un peu plus loin, les bois de Citers (Haute-Saône) sont appelés ainsi à cause de leur musique ensorcelée, qui rappelle la

cithara, la « cithare ». L'abbaye des Vaux-de-Cernay, en pleine forêt de Rambouillet (p. 96-97), n'est-elle pas construite sur l'ancien sanctuaire du dieu à bois de cerf, Cernunnos ? Combien de chênes de la Dame désormais chênes de la Vierge, de fontaines Notre-Dame jadis consacrées aux fées, chantent dans nos forêts ? Quant aux menhirs, ils furent le plus souvent christianisés. Ainsi, peu importe le nom, la religion, il se passe manifestement quelque chose dans certains lieux, comme si un courant mystérieux nous arrachait du sol.

Demander au hêtre

Le hêtre est l'arbre des fées. Son nom savant, *fayard*, renvoie à la première graphie de *fée*, *fay*. En Franche-Comté, le hêtre est toujours appelé *fau*, ce qui signifie « fée ». Jeanne d'Arc, lors de son procès, n'a-t-elle pas reconnu avoir fleuri le hêtre de Domrémy, en l'honneur de ses demoiselles ? Il semble que les hêtres, tout comme les sapins, dégagent de puissantes vibrations. Notez qu'au pied du hêtre se trouve souvent un « rond de sorcières », des champignons qui poussent en cercle. Pour approfondir votre étude, rendez-vous sous le hêtre du Capitaine-Véron, en forêt de Lyons (p. 110).

La cité sous les eaux

Bretagne

Au ve siècle, Ker Is (la cité d'Ys), au large de Douarnenez, a mauvaise réputation. On y pratique encore la religion des druides, cela passe pour de la débauche. La ville, construite au-dessous du niveau de la mer, est protégée par de hautes digues, percées de dix portes. Seul Gradlon, roi de Cornouaille, en possède les clés – autour du cou. Sa fille, la princesse Dahut, est la plus débauchée des habitantes d'Ys ; elle n'écoute pas les remontrances de saint Guénolé, conseiller du roi. Une nuit, même, pour plaire à l'un de ses amants, le diable, elle dérobe à son père la clé des écluses, et ouvre ces dernières. « C'est pour préserver la ville des envahisseurs chrétiens ! », lui dicte ce démon. Rouge. Au moment de fuir à cheval, Guénolé ordonne à Gradlon d'abandonner sa fille. Sur la terre ferme de Douarnenez, à la pointe de Penmarc'h, Gradlon pleure quand les dix portes de Ker Is fondent sous le marbre des eaux. « Il vit à travers ses larmes resplendir le *Ru-Men-Goulou*, la Rouge-Pierre de la Lumière. » À chaque nuit de Noël et de la Saint-Jean, les cloches de la cité résonnent au fond de la baie, et la voix de Dahut les accompagne. Les pêcheurs de Douarnenez craignent toujours le *Pouldahut*, « l'étang de Dahut », où la princesse s'est noyée. D'autres cités englouties font tinter leurs cloches en Bretagne.

« Il vit à travers ses larmes resplendir le *Ru-Men-Goulou*, la Rouge-Pierre de la Lumière. »

Château de Joyeuse-Garde
Landerneau
Morlaix
Brest
Forêt du Huelgoat
LES MONTS D'ARRÉE
Huelgoat
Carhaix-Plouguer
MÉNEZ HOM
Cité d'Ys
Baie de Douarnenez
D107
Locronan
CORNOUAILLE
Douarnenez
Menez Lokorn
B R E T
Quimper
Pont-Aven
Manoir de Rustéphan
N165
Lorient
OCÉAN ATLANTIQUE
POINTE DE PENMARC'H
N
W

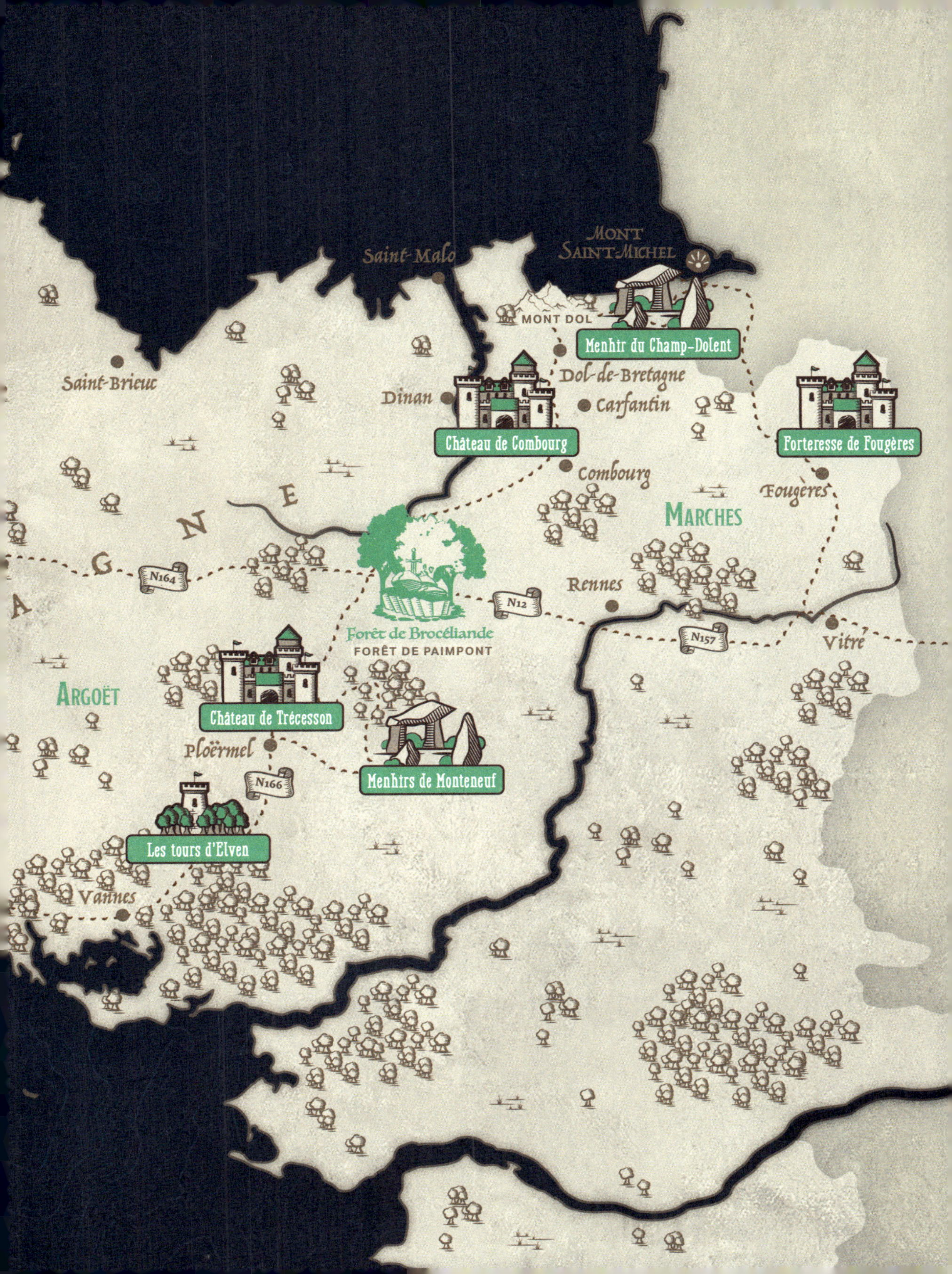

Mont Saint-Michel
Saint-Malo
Mont Dol
Menhir du Champ-Dolent
Saint-Brieuc
Dol-de-Bretagne
Dinan
Carfantin
Château de Combourg
Forteresse de Fougères
Combourg
Fougères
Marches
A G N E
N164
Forêt de Brocéliande
Forêt de Paimpont
N12
Rennes
N157
Vitré
Argoët
Château de Trécesson
Ploërmel
Menhirs de Monteneuf
N166
Les tours d'Elven
Vannes

EN CORNOUAILLE

Près de Brest, un double escalier vous mène au cœur du donjon de Lancelot; avec vue sur la baie de Douarnenez, une forêt druidique offre l'eau de sa fontaine à qui s'y abandonne; dans les Montagnes Noires, la rivière d'Argent, dont le chaos assourdit le pas des elfes, vous emporte à Nizon, où les pierres d'un manoir volent, comme ensorcelées... Bienvenue au royaume de Cornouaille! Il se murmure que l'Ankou sera votre chauffeur.

Le château de Joyeuse-Garde

Entre Brest et Landerneau, dans l'antique forêt de Talamon, sont les ruines du château de Joyeuse-Garde. Elles jouxtent la pharmacie du village. L'Élorn passe non loin : les moustiques l'ennuagent avec des cris de suppliciés. Du fier château, on ne passe plus que la porte en ogive. Il y a longtemps, des pirates danois venus de Brest l'avaient aussi franchie. Ils séquestrèrent même les villageois. Tous pleuraient tant que les lieux furent nommés Castel-Gouésou-Forest, le «château des Pleurs dans la Forêt». Puis la sentinelle du donjon vit un bateau venir à leur rescousse. Saint Thénéan était à son bord; il délivra le château des pirates, et les lieux devinrent Joyeuse-Garde.

La porte d'entrée fait un bel ornement. L'herbe autour est tondue, on distingue encore la route et les maisons; mais dès que l'on s'avance dans les hautes herbes, l'inquiétude s'installe. Assez vite, le sentier m'enfouit dans les caves. Celles-ci sont accessibles par un escalier à deux pans – deux rangées de marches, qui ne se croisent jamais. Je frissonne : cette image indique-t-elle qu'ici notre corps se divise?

Celui de chair et d'os emprunte l'escalier devant lui; mon ombre, elle, prend celui d'à côté – la retrouverai-je? Rapidement, je heurte des tessons de bouteilles. Je pensais m'accoutumer à l'obscurité, mais les lieux deviennent de plus en plus oppressants. J'allume ma lampe torche. L'inscription qu'elle éclaire, «HERMÈS», prouve que ce lieu n'a pas quitté son ancienne vocation. Le nom grec du dieu des Enfers, tagué deux fois, avoisine celui de la compagne d'Adam, «ÈVE». Leur concile étrange se passerait bien de témoin. Des égouttements sinistres me convainquent de sortir.

Je remonte et m'engage plus avant dans le labyrinthe de pierres. Des portes s'ouvrent vers des salles écroulées, peut-être vers des époques différentes. Il y a peu, les arbres se sont battus : les branches des uns meurent dans le tronc fendu des autres. Sous les scolopendres, je devine la tombe perdue de Lancelot.

« Les caves sont accessibles par un escalier à deux pans, qui ne se croisent jamais. Je frissonne : cette image indique-t-elle qu'ici notre corps se divise? »

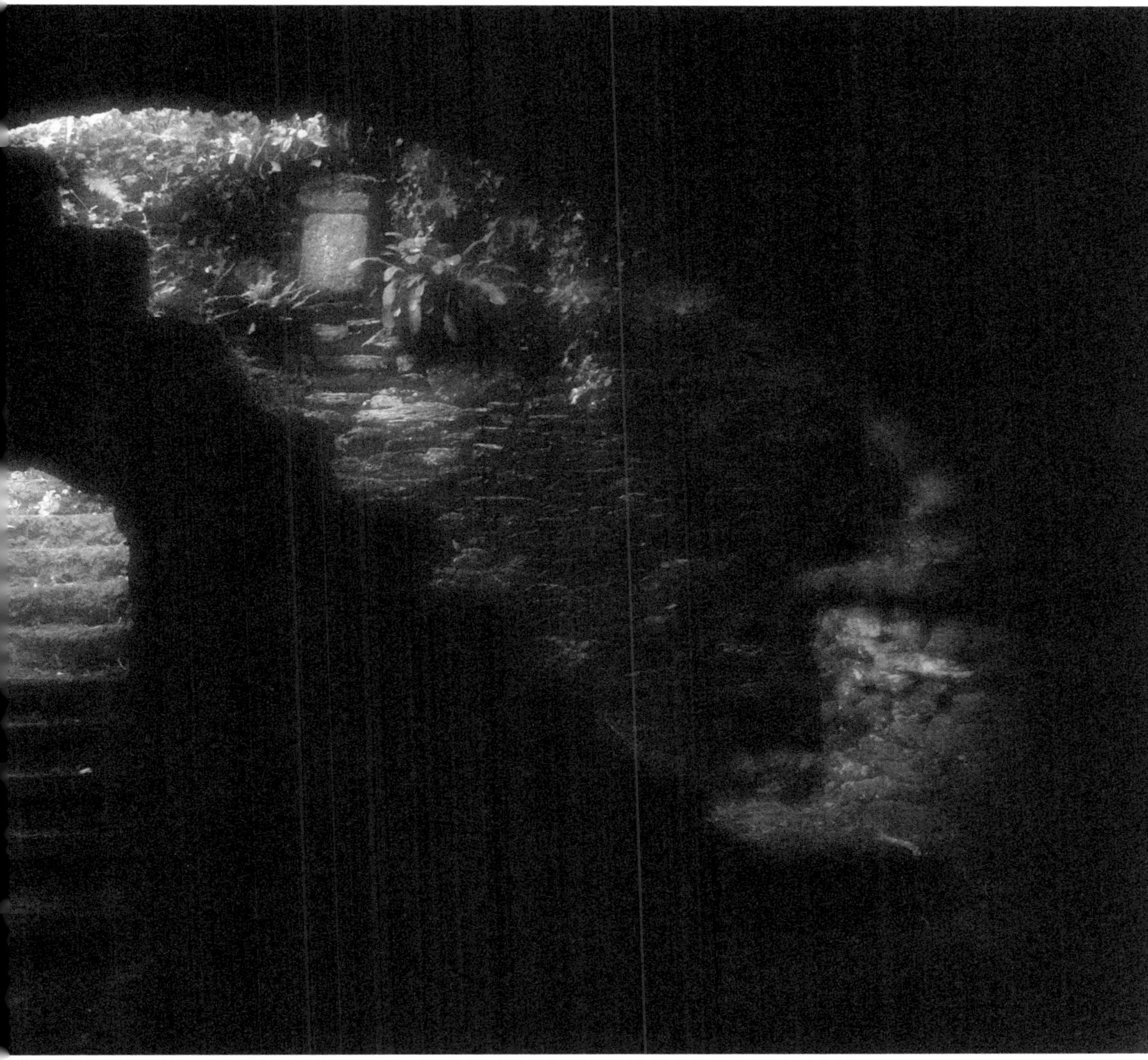

Lancelot fut l'enfant de toutes les féeries : élevé par Viviane, la Dame du Lac, il a même été l'amant de Guenièvre, dont l'étymon gallois, *Gwenhwyfar*, signifie « blanc fantôme » – Guenièvre est la première des dames blanches. À Joyeuse-Garde, celui qui n'était pas encore son chevalier vint combattre les quarante géants, gouvernés par Brandus des Îles. Ils ravageaient les alentours, se livraient à des orgies. Lancelot mit fin aux sortilèges, grâce aux boucliers de la Dame du Lac, et à son courage. Puis le roi Arthur y établit sa cour, divertie par les joutes mémorables et l'amour courtois. L'épreuve du court-mantel était donnée à Joyeuse-Garde. Ce manteau, don de la fée Morgane, s'allongeait ou se raccourcissait suivant la franchise de qui le portait. À Joyeuse-Garde toujours, Lancelot se claquemura avec la reine Guenièvre, l'épouse du roi Arthur, devenue son amante. Arthur assiégea le château mais Lancelot réussit à apaiser sa colère en choisissant l'exil. À la fin de sa vie, Guenièvre devint nonne. L'inhumation de Lancelot dans les ruines de Joyeuse-Garde, aux côtés de son fidèle Galehaut, fils d'une géante et sire des Îles lointaines, clôt l'âge d'or arthurien.

Revenant sur mes pas pour quitter les lieux, j'aperçois un prolongement inattendu. Il me permet de faire une boucle. Un ancien rempart le borde, qui disparaît par intervalles sous la mousse, comme un serpent guetteur. Des arbres noueux sont posés dessus, avec des excroissances de pachydermes. En me retournant une dernière fois, je capture cette image. J'ignore si c'est un effet de buée ou de brume, mais je discerne dans les veloutés du feuillage l'aspect torve d'un crâne.

Face à la pharmacie, je suis pris d'un vertige. Tout est singulièrement désert. Je remonte vers le bourg, espérant trouver un peu de vie. Les maisons sont closes, presque barricadées. Craint-on le passant du château des Pleurs ? En vérité, je ne l'attribue ni complètement au climat, ni au contrecoup de ma visite, mais chaque pas me pèse comme si je portais une armure.

« *J'ignore si c'est un effet de buée ou de brume, mais je discerne dans les veloutés du feuillage l'aspect torve* d'un crâne. »

Château de Joyeuse-Garde

Accès — *La Forest-Landerneau est à 16 km de Brest. Gare (TER) de La Forest-Landerneau, puis 1 km à pied jusqu'à la place du Château.*

Visite — *Accès libre.*

La forêt du Duc – Menez Lokorn

La baie de Douarnenez est dominée par deux montagnes magiques. La plus élevée est le Menez Hom, c'est un mont chauve. Le roi Gradlon s'y est perdu lors d'une chasse. Recueilli par son ermite, saint Guénolé, le roi lui resta fidèle toute sa vie et le nomma évêque de Quimper. L'autre montagne, plus discrète, est celle de Locronan, Menez Lokorn. C'est vers elle, rare vestige du *Men Nemet*, que je décide de m'aventurer, précisément dans sa partie nommée *Koat an Duc*, « forêt du Duc », parce qu'elle est sa couronne. Si je m'y perds, je pourrai invoquer saint Ronan. Venu d'Irlande au VIe siècle, il vécut en ermite quelque part dans cette montagne. Chaque matin, il marchait cinq kilomètres, à jeun et pieds nus. Une fois tous les six jours, il faisait le tour complet de la forêt. Si je l'imite, il me faut accomplir douze kilomètres, comme les douze mois de l'année. Aujourd'hui, tous les six ans, le deuxième dimanche de juillet, le pardon de la Grande Troménie maintient cette tradition. Le prochain aura lieu en 2025. N'hésitez pas à vous joindre au cortège, car suivant le dicton : « Celui qui ne fait pas sa troménie de son vivant devra la faire après sa mort en avançant chaque jour de la longueur de son cercueil. » Pour vous repérer, suivez les calvaires : ils sont douze, à égale distance.

Le bus me dépose devant la chapelle de **Kergoat**, à trois kilomètres à l'est de Locronan. Un chemin descend vers le hameau fermier de Bohars. Rien n'indique l'entrée de la forêt ; pourtant, on ne voit qu'elle, qui monte sur tout l'horizon. Sa vue tient du mirage : à l'est comme à l'ouest, on n'en perçoit de limite. Dans le creux du vallon, il faut d'abord tourner à gauche et prendre un chemin de pierres, puis un chemin d'herbes s'ouvre rapidement à droite. C'est l'orée de la forêt du Duc. Ensuite, il faut se confier au génie du lieu. Quelques méandres, et voici la **fontaine**, dans son placître. Les racines des arbres lui creusent un bassin. Dans sa niche, un couple figure Marie et Joseph, mais le petit Jésus, entre eux, n'a plus de tête. Les druides honoraient déjà cette source. Christianisée, Notre-Dame de Kergoat soignerait toujours les hémorragies.

Quel enchantement! Je n'imagine plus sortir de ce bois, ni même de cette heure. Il doit être midi – avec le crépuscule, c'est l'instant favorable aux apparitions, d'autant que nous sommes à la veille de la Saint-Jean d'été : à minuit précis, le vin remplacera l'eau dans les fontaines. En attendant, il me semble voir des visages affleurer.

Derrière la fontaine, un petit escalier de pierre, enfoui sous la mousse, est un marchepied vers l'autre monde. Je l'emprunte; me voici dans la véritable forêt. Les fûts hiératiques, bordant la fontaine, deviennent de petits chênes minces et tordus; certains recroquevillés comme des créatures proscrites, rendues folles par l'anneau de pouvoir. Puis le chemin monte complètement vers la montagne, les arbres s'élancent à nouveau jusqu'au ciel; on doit approcher la couche de saint Ronan.

Le *Men Nemet* n'a pas attendu le moine irlandais pour devenir un centre spirituel. Il l'est au moins depuis l'époque celtique. Le *Nemet* renvoie au *nemeton*, la clairière sacrée des Gaulois (*nem* désigne le ciel; *nemos*, la totalité). À cette époque, les douze mois lunaires du calendrier druidique étaient symbolisés par douze stations, honorant douze divinités païennes. Aujourd'hui, ces stations sont marquées par les fameux douze calvaires.

Sans identifier de chemin, je m'aventure où tombent les rais de lumière. Ils formeraient presque des images de divinités. J'appelle : «Dahut! Gradlon!», mais le faisceau, dans l'intervalle, s'évapore.

Des bosquets s'alignent en alcôves. L'éther est si pur qu'un pas de plus dans la mousse gênerait le conseil des dryades. L'offense à ces génies des bois, protectrices des chênes en particulier, éveillerait l'attention du Duc. D'ailleurs, qui est le *Duc* de cette forêt? Figure tutélaire, il m'apparaît à la fois comme un oiseau gigantesque et un prince – le Prince Rouge de la cité d'Ys.

Le *nemeton* était pour les Celtes le temple de l'Informe et de l'Ineffable. Pour cette raison, ils ne toléraient pas l'écriture : rien ne devait être fixé.

Pas de statue, pas de simulacre. Si l'on en croit le poète Lucain (Ier siècle), des autels sauvages étaient disséminés dans ces bois, et des sacrifices commis. D'après lui, ces lieux étaient contournés par les oiseaux et les bêtes. Les prêtres n'y entraient jamais.

Si les conciles d'Arles (452), de Tours (567) et de Nantes (658) ont banni les adorateurs des «lieux sauvages et cachés au fond des bois», ils ont surtout décimé un grand nombre d'arbres votifs et de pierres sacrées. La forêt du Duc est hantée par les druides d'un autre âge, forces refoulées au fil des siècles. Aujourd'hui encore, l'ordre druidique de Dahut continue de s'y réunir.

Menez Lokorn

Accès — *Locronan est à 17 km de Quimper.*
Bus QUB 10 dir. Locronan-Kerjacob, arrêt Locronan-Mission.
Rejoindre la chapelle Ar Sonj, puis s'enfoncer dans la forêt.

La forêt du Huelgoat

En ce matin de la Saint-Jean, depuis Quimper, la brume recouvre tout. C'est une haleine de mort qui bouscule jusqu'au soleil. L'Ankou doit quitter le Yeun-Elez, le purgatoire breton, vaste tourbière où les crêtes rocheuses imitent la banquise. L'Ankou, le passeur d'âmes, est représenté sous l'apparence d'un squelette ou d'un simple crâne. Par voie de terre ou de mer, il vient récupérer les morts et les emporte chez lui, au cœur des monts d'Arrée. Nombre d'églises bretonnes, en particulier près de Quimper, l'ont frappé en effigie. « Je vous tue tous », prévient celui de Brasparts, sur une banderole de pierre – pourquoi fallait-il que la brume se lève à cet instant ?

Vingt kilomètres après l'ossuaire de Brasparts et la traversée du Yeun Elez, j'arrive au Huelgoat (« Le Bois du Haut »). À la sortie du village, la **rivière d'Argent** chute de vingt mètres et se perd sous de gros blocs de pierre. À première vue, c'est un jardin d'enfants. L'atmosphère s'alourdit au niveau de la **grotte du Diable**. Un chêne impuissant dit « N'avancez plus ! », mais la curiosité l'emporte. Un maigre escalier de fer plonge dans un gouffre. Entre les failles de granit, je distingue le palais de l'Ankou. Le squelette trône au milieu de chandelles – quand, par caprice, il en souffle une, quelqu'un meurt subitement. Je ne fais pas long feu au bas de l'échelle.

> *Par voie de terre ou de mer, l'Ankou vient récupérer les morts et les emporte chez lui, au cœur des monts d'Arrée.*

Suivant le circuit « Moulin du Chaos », je contourne une vallée emplie d'énormes blocs de lave, comme des bulles solidifiées. Ils y auraient été précipités par le géant Hok-Bras, de passage chez sa marraine. Après avoir décroché la lune avec ses dents, le pauvre mourut lors d'un somme dans la future rade de Brest, car sa bouche, grande ouverte, avait engouffré les bateaux. Ce chaos forme lui aussi un gouffre : celui où Dahut, fille du roi Gradlon et de la fée nordique Malgven, faisait jeter ses amants par l'Homme en noir. D'abord, elle leur faisait porter le masque pour, disait-elle, rendre leur rendez-vous plus secret jusqu'en son château, au-dessus ; à l'aube, le masque se resserrait puis étranglait la victime. Chaque nuit de la Saint-Jean, dit-on, les cris de Dahut résonnent depuis le gouffre du Huelgoat jusqu'aux rivages de Douarnenez, où s'élevait la cité d'Ys.

Que lirait un géomancien dans ce chaos ? Je descends dans le creux ***Ménage de la Vierge***. Un vieil homme y aurait croisé Marie. À présent l'eau pousse de forts grondements, mais elle est toujours dissimulée par les roches. Je note la présence d'une petite fougère, dite « hyménophylle de Wilson ». Cette plante est-elle liée à l'Ankou ? Étonnamment, elle ne pousse qu'ici, en forêt du Huelgoat, et sur les monts d'Arrée ; sinon, il faut la chercher en Irlande… Passé le chaos, je prends le sentier de droite et descends au bord de la rivière d'Argent, dont le nom rappelle l'exploitation minière. Tout le long, des racines retiennent de gros rochers pour les avaler. Je m'assois sur l'un d'eux au bord d'une mare. La lumière qui tombe a traversé les millénaires ; certains rayons, même, semblent oubliés comme des trésors. Les promeneurs sont loin au-dessus. Le chant des flots couvre leurs discussions. Je suis hypnotisé par les libellules et les reflets cuivrés de l'eau. Je constate que la roche sur laquelle je suis est entaillée comme un autel ; un liquide rouge s'en échappe à présent. Il est temps de reprendre la route.

Engagé vers le camp d'Artus – but du second circuit –, je m'arrête dans sa grotte. La **grotte d'Artus** est certainement l'endroit le plus habité du Huelgoat. Artus (le roi Arthur, en vérité) s'y cacherait toujours, avec le dragon capturé par saint Efflamm. Je passe deux heures à hanter les lieux, captif du moindre jeu de lumière. Peu à peu, je m'incorpore au granit. Arthur et son dragon ne sortent qu'aux soirs de nouvelle lune. Le 23 mai 1919 aurait-il été sans lune ? On y a retrouvé le poète Victor Segalen, mort, sous un arbre voisin de la grotte, un exemplaire de *Hamlet* à ses côtés. La thèse du suicide et celle de l'accident furent posées, mais l'énigme demeure. Le fantôme du poète a-t-il rejoint la garde d'Arthur ?

Quittant la forêt, je dépiste un couloir d'empreintes profondes et fourchues. Elles annoncent le retour de la Santirine – le satyre de Bretagne, mi-homme, mi-licorne, mi-dragon –, qui pour le malheur de tous dit toujours la vérité. Un duc de Bretagne l'aurait croisée. Elle riait de toutes ses dents : « Je ris parce que la dame d'honneur de votre duchesse est en réalité un damoiseau ! » Lorsque l'équipage fut au repos, le duc manda l'expertise d'un chirurgien et d'une matrone ; ils certifièrent ce qu'avançait la bête. Le couple fut pendu sur-le-champ.

Forêt du Huelgoat

Accès — *À 28 km de Morlaix. Gare de Morlaix, puis bus BreizhGo 36 en dir. de Carhaix-Plouguer, arrêt Huelgoat. L'entrée la plus proche est située au moulin du Chaos.*

Visite — *Circuits balisés libres du Chaos (1,5 km) et du Camp d'Artus (6,5 km). L'été, plusieurs balades guidées dans la forêt sont proposées par Les Aventuriers de la Légende (06 70 04 18 12 ; tarif 5 €) et par Les Plumeurs de Lune (06 89 66 29 60 ; tarif 5 €). Dans les monts d'Arrée, Addes Asso propose une Bale dindan al loar (une « randonnée sous la lune »), avec lampe à pétrole (02 98 99 66 58, www.arree-randos.com).*

Office de tourisme du Huelgoat : *02 98 99 72 32, www.lesmontsdarree.bzh/tourisme*

Le manoir de Rustéphan

Un autre couple malheureux hante les forêts de Cornouaille. Pour le rencontrer, il faut gagner les **bois de Rustéphan**, près de Pont-Aven. Du chemin, le manoir, dont ne restent que deux tours ruinées, paraît l'antre des follets. J'en approche avec recueillement – il y a quelque chose d'embaumé dans ce bois, d'autant plus à l'éclat de sa légende. Au XVIe siècle, Jénovéfa du Faou s'éprend d'un jeune clerc de Nizon, Yan ar Flecher. Comme il est roturier, le châtelain refuse l'union ; et, pour mieux fendre son cœur, lui ordonne de devenir prêtre. Avant la messe inaugurale, Jénovéfa l'implore de renoncer, mais l'amour de Dieu est alors plus fort. Jénovéfa meurt de chagrin. Au début du XXe siècle, des fêtes de village étaient organisées sur le tertre du château. Une nuit, les jeunes gens la quittèrent en hâte : la tête d'un vieux prêtre chauve aux yeux de braise les fixait depuis la lucarne du donjon. À minuit, on dit aussi qu'une bière flanquée de quatre cierges blancs apparaît dans les bois. Au même instant, une jeune fille en robe de satin vert, parée de fleurs d'or, passe sur les murailles en versant des larmes, parfois des chants.

Inspectant les lieux, je n'y trouve pas le chèvrefeuille dont j'imaginais taillée la robe de Jénovéfa, mais des ronces. Une cour d'arbres infernaux, courtisés par les gnomes, garde l'approche du manoir. Le vent souffle comme un dragon, détachant quelques pierres. Je renonce à passer la porte gothique. J'étais bien avisé, à écouter les dires du vieil homme croisé dans les bois, qui promenait son chien. Il vaut mieux ne pas approcher le manoir les jours de grand vent, la nervosité du ciel réveille les chagrins.

Quittant le manoir et les bois de Rustéphan, je rejoins à pied le village de Pont-Aven, à deux kilomètres au bas de la colline.

Passé le centre, qui honore le peintre Paul Gauguin, les bords de l'Aven annoncent le Léthé. Des épaves y attendent l'oubli. D'énormes branches pourrissent dans le ventre des cales. On pense au *Bag noz*, le bateau de l'Ankou. Son gouvernail est tenu par le premier défunt de l'année. Voir le *Bag noz* émerger de la brume annonce une catastrophe pour les environs. Il ne faut jamais le suivre, sauf à s'y engager jusqu'à la « consommation des siècles ». Au VIe siècle déjà, le Grec Procope situait en Bretagne l'embarcadère de la Mort. En certains lieux, c'est vrai, la mélancolie décachette l'espace-temps.

> « *La nervosité du ciel* réveille les chagrins. »

Manoir de Rustéphan

Accès — *Pont-Aven est à 32 km de Quimper. Bus BreizhGo 43 dir. Concarneau/Quimper, arrêt Cité Kerentrech, puis prendre immédiatement un petit chemin, qui vous mènera au manoir de Rustéphan en 5 min.*

Visite — *L'entrée dans la tour est interdite (risque d'éboulement), mais le bois qui l'entoure est pleinement accessible. Vous y remarquerez d'étranges rochers.*

EN ARGOËT

Dans le pays de Vannes, un couloir — ses murs émeraude sont gravés de têtes de serpents — vous tient captif d'une vieille forteresse; en pleine forêt Brocéliande, un cercle de pierres vous garderait bien pour toujours; plus loin, des abeilles s'écrasent dans les douves d'un château rouge sang... Peut-être ne sortirez-vous jamais de l'Argoët, pays des bois les plus sombres que vous ayez jamais connus ?

Les tours d'Elven

Les tours d'Elven (ou forteresse de Largoët) sont deux nécromants, aux bords d'une mare, qui dissimulent leurs forfaits. Comme le château de Commarque, en Périgord (p. 206), le lieu est un véritable désert. On y accède après un kilomètre de marche à travers le bois de Folle-Pensée – parfois écrit *Fol-Pansé*, ce toponyme que l'on retrouve à Paimpont (la forêt de Brocéliande) est une référence au «fou qui guérit» : Merlin l'Enchanteur.

En ce jour d'octobre, Elven est un rêve préraphaélite. Les feuilles et l'esprit se replient sur eux-mêmes. Tout y est plus craquant. Près du ruisseau Kerbilet, des sources d'eaux vives forment un étang où le plus haut donjon de France plonge, en reflets, ses cinquante-sept mètres. À l'intérieur du donjon, j'entre dans la gueule d'un crocodile : les murs, de près de dix mètres d'épaisseur, semblent d'écailles. Ils sont couverts de persil sauvage ou d'écume de Cerbère. Leur couleur émeraude n'a rien de rassurant; on craint d'entendre une porte se refermer et des pas de monstre marcher vers nous. Parfois, une tête de bécasse ou de serpent marque l'œuvre d'un tailleur de pierre. Quelque part, un fuseau maudit tente les princesses.

Au XVIIe siècle, Nicolas Fouquet acquit Largoët non pour ses ruines, mais pour ses terres boisées, qui lui rapportèrent beaucoup. Avant cela, au XVe siècle, Largoët appartenait à Jean de Rieux, très proche d'Anne de Bretagne. Durant la Guerre folle, quand le roi de France Charles VIII envahit ses terres, Rieux prend fait et cause pour la duchesse Anne. Soit ! Ses biens sont anéantis. Puis Anne épouse Charles. Alors reine de France, elle permet la reconstruction du château mais, pour une raison inconnue, Largoët retombe vite en lambeaux, comme si les murs portaient le mal. Ce lieu, si puissant, fut d'ailleurs la prison d'un roi. C'est ce qu'affirme cette plaque dans un cachot verdâtre du donjon : « Le comte de Richemont fut emprisonné ici dix-huit mois, de 1474 à 1475. » Dix ans plus tard, il met fin à la guerre des Deux-Roses et devient roi d'Angleterre sous le nom de Henry VII. À vingt-huit ans, l'ancien prisonnier de Largoët fonde la dynastie Tudor. L'un de ses fils sera Henri VIII.

La visite du donjon laisse des séquelles, comme ses sept étages qui n'ont plus de plancher. Espérant trouver plus de quiétude au bord des **étangs**, je rejoins la rive face au château. En cette saison, les fougères font des amoncellements de couronnes rouillées. Soudain, au-dessus du flot, je distingue une lame d'épée. M'en approchant, je renonce à toute gloire : ce n'est qu'un pieu d'attache! Qui peut donc s'attacher ici? Beaucoup de fantômes, sans doute, de créatures nous prenant pour des « bourreaux », aux dires de témoins.

Une dame blanche, surtout, hante la forteresse. Elle erre jusqu'aux landes voisines, accompagnée d'une autre forme, son amant – un soldat tué pour l'avoir défendue; après qu'il eut expiré dans ses bras, elle l'embrassa et se poignarda le cœur.

Au moment de quitter Largoët, je longe une **chapelle**, en lisière du bois. Élevée au XVe siècle, il n'en subsiste qu'un pan de mur, porteur d'une croix basque, symbole solaire qui protégerait contre les forces du mal. Sans elle, toute la forteresse serait peut-être déjà invisible à nos yeux.

Tours d'Elven

Accès — *La forteresse de Largoët (Elven) est à 17 km de Vannes. Depuis la gare de Vannes (TGV, TER), bus Kicéo 20 dir. Elven, arrêt Folle-Pensée. L'entrée du site de la forteresse est à quelques mètres à pied (fléché).*

Visite — *De mi-mars à mai : sam.-dim. et j. f. 14h-18h30 et mer.-lun. 14h-18h30 pendant les vac. scol. ; juil.-août : tlj. 10h-12h10 et 14h20-18h30 ; juin et sept. : mer.-lun. 10h30-12h10 et 14h20-18h30 ; vac. de la Toussaint : mer.-lun. 14h-18h. Tarif 6 € (gratuit pour les moins de 10 ans). 02 97 53 35 96, www.largoet.com*

Les menhirs de Monteneuf

En cette fin du mois d'août, le ciel est de plâtre. Les ombres elles-mêmes suffoquent. Des fourmis volantes préparent l'assaut des korrigans. Cette nervosité ambiante faciliterait les glissements temporels. Alors que je traverse les **landes de Monteneuf**, à mi-route entre les tours d'Elven et la forêt de Paimpont, je me demande quel génie va soudain apparaître – beaucoup d'automobilistes ont rapporté des manifestations effrayantes le long de cette départementale 776.

> *Parfois des silhouettes apparaissent au milieu du lichen, demandant à ce qu'on les effleure pour les délivrer de la pierre.*

Enfin, les voici, les plus de quatre cent quarante menhirs roses, dispersés dans les bois ! Le génie de Monteneuf a près de six mille ans. On ignore tout de la fonction première du site à cette époque. Était-ce un sanctuaire ? Un temple solaire ? Le minéral, dont le souffle prodigue apaisement et guérison, nous offre encore bien des mystères. Plus tard, grâce aux monolithes, les Celtes prétendaient recevoir des informations d'autres plans de la réalité. Dans ces menhirs, des fragments de silicone et de cristal ont été retrouvés ; or, des fragments de silicone et de cristal composent également nos ordinateurs. Tout porte à croire que les civilisations premières avaient une technologie plus simple et plus puissante que la nôtre. Le concile de Nantes du VIIe siècle ordonne la démolition des sites païens, puis Charlemagne intensifie la lutte. La destruction de Monteneuf fut méthodique. Des tranchées furent creusées, dans lesquelles on basculait les menhirs avant de les enterrer. C'est grâce à d'importantes fouilles menées à partir de 1989 qu'ils furent peu à peu découverts et redressés.

Les pierres de Monteneuf sont de tailles et de postures variées. Certaines vivent dressées, en collège ; d'autres se couchent en récifs. Parfois des silhouettes apparaissent au milieu du lichen, demandant à ce qu'on les effleure pour les délivrer de la pierre. Puis, sitôt qu'on leur tourne le dos, replongent dans l'éternité. Il m'a semblé, plus d'une fois, entendre leurs sanglots.

Aujourd'hui, cinq circuits principaux permettent de débusquer ces « pierres droites » : ils s'étendent sur un kilomètre et demi et quatre kilomètres à travers les landes boisées. Deux circuits plus vastes, autour de quatorze kilomètres, vous emmènent visiter toute la commune de Monteneuf. Je choisis de les éviter et m'aventure dans une clairière. Au milieu de l'herbe sèche et des buissons, un seul arbre : un mince bouleau s'élance, solitaire, comme s'il tenait le premier rôle dans ce conclave. Pour les Celtes, si le chêne était l'arbre des druides, le bouleau était celui des bardes, des poètes. Si je reste immobile quelques heures jusqu'à la tombée du jour, aurai-je le privilège de les entendre ?

Mehnirs de Monteneuf

Accès — *À 56 km de Vannes. Pas de transports publics.*

Visite — *Le site, géré par la Réserve naturelle des Landes de Monteneuf et l'Association Les Landes (02 97 93 26 74, www.leslandes.bzh), propose de nombreuses activités tte l'année. Accès gratuit au site.*

Le château de Trécesson

À quinze kilomètres de Monteneuf, sur la lande de Rohan, je distingue le château de Trécesson. Taillé dans le schiste rouge, qui abonde dans cette partie de la Bretagne, il marque l'entrée de la forêt de Paimpont – la fameuse Brocéliande, où le Val sans Retour succède au Miroir aux Fées. Si le château est privé, on peut rêver devant ses douves. Mes songes me poussent à ouvrir la « chambre des Revenants ». La scène qui s'y déroule est immuable : deux hommes, vêtus à la mode du XVIIe siècle, jouent une partie de cartes, sans doute de lansquenet ; au bout d'un moment, ils se disputent et l'un transperce l'autre de son épée ; puis tout s'évanouit. Un jour, pourtant, ils laissèrent un amas de louis d'or. L'affaire fut portée devant le parlement de Bretagne après un conflit entre le châtelain et le témoin de l'apparition. Les archives de Rennes en conservent, paraît-il, les pièces judiciaires. Une dame blanche et un moine sans tête, marchant sur les berges de l'étang, figurent aussi dans la légende de Trécesson. Quant au mystérieux personnage de « l'Homme Rouge de Baraton », on n'a jamais su pourquoi il apparaissait certaines nuits aux fenêtres du château. Y aurait-il une raison plus physique à ces abeilles qui, attirées par un parfum spectral, se ruaient, à peine les fenêtres ouvertes, de l'étang au château, pour y mourir, empoisonnées par cette odeur même ?

Admirant le reflet de la bâtisse dans les douves, je suis saisi par sa netteté. Le reflet semble en connaître davantage que les murs eux-mêmes. Cette hypnose m'attire peut-être vers la mort, comme les abeilles.

Château de Trécesson

Accès — *À 10 km de Ploërmel, sur la commune de Campénéac. Pas de transports publics.*
Visite — *Le château ne se visite pas mais s'admire facilement depuis la route. Faites ensuite étape au Tombeau du Géant (la sépulture d'un prince armoricain du IIe s. av. J.-C.), à seulement 3 km du château, puis au Val sans Retour de Brocéliande, encore 5 km plus loin.*

+LES MARCHES

Au château de Combourg, dans la chambre de l'auteur des *Mémoires d'outre-tombe*, la momie d'un chat retient votre attention tandis qu'une jambe de bois gravit l'escalier. En forêt de Fougères, un crâne empalé gémit sous la danse d'amants défunts ; et, près de Rennes, un menhir s'enfonce sous vos yeux : les marches de Bretagne vous mettent au pas du légendaire.

Le château de Combourg

Depuis le lac Tranquille, à l'entrée du village, le château de Combourg, sur sa butte, a l'aspect du Commandeur de *Don Juan* – à moins que ce ne soit la statue de son héros, François-René de Chateaubriand, sur la place en contrebas, qui nous invite au « festin de pierre ». Si je lui tends la main, je risque bien d'être avalé par les flammes.

Suivant la rue des Princes, j'atteins le portail du château. La vue des quatre tours, au bout d'une allée de marronniers, donne l'impression d'avancer vers les quatre juges d'une instance suprême.

En 1761, le père de François-René de Chateaubriand acquiert le domaine. Combourg peut être justement nommé « berceau du romantisme français », tant sa silhouette hante l'œuvre de Chateaubriand. Dans ses *Mémoires d'outre-tombe*, l'Enchanteur évoque son enfance dans la tour du Chat, la plus ancienne et la plus reculée de toutes. Personne ne l'y rejoignait, excepté les fantômes :

> « *Les gens étaient persuadés qu'un certain comte de Combourg, à jambe de bois, mort depuis trois siècles, apparaissait à certaines époques, et qu'on l'avait rencontré dans le grand escalier de la tourelle* (…) »

En 1876, à la faveur d'une restauration, un chat est découvert emmuré. Pratique hélas courante au Moyen Âge, qui devait protéger le foyer des mauvais sorts. Momifié depuis le XIVe siècle, le chat est toujours exposé dans la chambre de l'écrivain. Quant à la jambe de bois, elle est attribuée à Malo-Auguste de Coëtquen. Ce comte de Combourg perdit une jambe à la bataille de Malplaquet, en 1709, et mourut au château. Enfin, notez la petite chauve-souris sculptée sur un mur de la courtine nord. On ignore tout de son existence mais elle devait, elle aussi, conjurer les maléfices.

Tandis que la visite guidée passe par la **tour du Chat**, et sans qu'aucun courant d'air n'en soit coupable, une lourde porte se referme. Elle gardait précisément la chambre de l'auteur et la momie du chat. « Personne n'a été blessé ? », demande la guide. Elle est si perturbée qu'elle part un long moment inspecter toutes les pièces de la tour.

Dans le **parc**, sous les ombres, une petite croix de pierre situe l'oratoire de Lucile. La sœur de Chateaubriand aimait à se recueillir. Solitaire, elle avait des dons de sibylle. Fantôme durant sa vie, elle est depuis sa mort – sans doute par suicide – l'âme de Combourg. Assis sur le rebord de la croix, je contemple mieux le château. Mais la brise commence un reproche ; et, dans le friselis des peupliers et des buissons, j'entends grincer la charrette de l'Ankou.

« *Assis sur le rebord de la croix,*
je contemple mieux le château.
Mais la brise commence un reproche ;
et, dans le friselis des peupliers
et des buissons, j'entends grincer

la charrette de l'Ankou. »

Château de Combourg

Accès — *À 37 km de Rennes. Depuis la gare de Combourg (TER), 2 km à pied.*

Visite — *Avr.-juin et sept.-oct. : du dim. après-midi au ven. soir ; juil.-août : tlj. 10h-12h30 et 14h-18h30. Visite guidée du château. Tarif 9,70 €. Accès libre au parc. 02 99 73 22 95, www.chateau-combourg.com*

« *Il n'y a pas d'extérieur* plus beau »

La forteresse de Fougères

Chateaubriand, toujours dans ses *Mémoires d'outre-tombe*, pose les limites de la forêt de Brocéliande, dont la plus orientale est Fougères. Avec ses treize tours de rempart, Fougères est la plus grande forteresse d'Europe, verrou de la Bretagne face au Maine et à la Normandie. Construite sur un gigantesque rocher, ceinte par les marécages de la rivière Nançon, elle captivait Lawrence d'Arabie : « Il n'y a pas d'extérieur plus beau », jurait-il.

Les treize tours m'apparaissent comme les treize pieux d'un enclos sacrificiel. L'herbe est sèche en dedans, couleur de soufre. Prisonnier de l'enceinte, je l'observe qui palpite tel un immense serpent enroulé sur lui-même.

L'ombre de la forteresse s'appelle Thomas II de Guémadeuc. C'était son gouverneur au début du XVIIe siècle. Il exhuma deux fois le cadavre d'une femme pour le jeter dans un étang car il n'admettait pas que, protestante, elle fût enterrée dignement. En 1615, il fit assassiner le baron Jacques II de Névet ; en représailles, Fougères fut assiégée, et lui-même décapité. Sa tête fut exhibée sur une pique à l'entrée de la forteresse.

La plus belle des tours de Fougères est la **tour Mélusine** : elle fut construite au XIIIe siècle, quand la famille Lusignan possédait le château. La fée Mélusine, mi-femme, mi-serpent, était l'emblème de cette famille. Cette tour Mélusine couvre de profondes oubliettes qui auraient abrité une vipère gigantesque.

Au **logis seigneurial**, ruiné depuis le XVIIIe siècle, des colonnes de papillons portent un baiser bleu à quelque reine endormie. Oscillant sur les marches, un peintre, la tête à demi enfouie dans les épilobes, trace les plans d'un palais de sirènes. Est-il une réminiscence de Gustave Doré ? Ensuite, le peintre m'a semblé descendre vers la forêt.

En forêt de Fougères, non loin du carrefour du Père-Tacot (commune de Landéan), l'étang Saint-François est un rendez-vous fantomatique. La nuit du 15 juillet, deux formes s'en exhalent : celles d'un moine et d'une paysanne qui venaient s'y aimer. Le mari de la paysanne les découvrit et les décapita. Chaque mitan de juillet, leurs âmes tourbillonnent un moment et s'enfuient. Si vous continuez un kilomètre par la route forestière des Druides, vous découvrirez un curieux alignement mégalithique.

Forteresse de Fougères

Accès — *Place Pierre-Symon, Fougères, à 50 km de Rennes.*

Visite — *Fév.-avr. et oct.-déc. : mar.-dim. 10h-12h30 et 14h-17h30 ; mai : mar.-dim. 10h-19h ; juin-sept. : tlj. 10h-19h. Tarif 9 € (5 € pour 6-18 ans). 02 99 99 79 59, www.chateau-fougeres.com*

Le menhir du Champ-Dolent

Aux portes du Mont-Saint-Michel, le menhir du Champ-Dolent eſt l'un des plus grands de Bretagne. Il eſt gris comme un diable en cuirasse. Je l'aborde avec crainte, ne pouvant oublier son nom latin, *campus doloris*, « champ de douleur ». Un massacre eut lieu ici. Au hameau voisin de Carfantin, deux frères s'affrontèrent, à mort. Le Guyoult, qui coule à l'entour, devint un fleuve de sang. Alors, les dieux larguèrent du ciel un énorme menhir pour ſtopper la lutte. Depuis, le rocher s'enfonce. Quand ses plus de neuf mètres seront totalement sous terre, la fin du monde sera imminente, dit-on. Le menhir s'enfoncerait d'un pouce par an. Pour quelques siècles encore, il reſte donc le plus beau menhir d'Armorique. Au XIXe siècle, un énorme crucifix était inſtallé à son sommet ; peut-être accélérait-il l'enfouissement de la pierre : il fut enlevé.

Le menhir du Champ-Dolent eſt tout près du mont Dol. Il y a dix millénaires, la forêt de Scissy aurait été son écrin, comme celui du mont Tombelaine, jumeau du Mont-Saint-Michel. La légende monaſtique du XVe siècle raconte qu'en 709, un an après la fondation de l'oratoire d'Aubert (sur le futur Mont-Saint-Michel), un raz-de-marée détruisit cette forêt. Les monts Tombe (Saint-Michel, donc) et Tombelaine (un îlot tout proche) sont liés à ce mont Dol, diſtant de vingt kilomètres. Dans ce triangle fabuleux, saint Michel a combattu le dragon, le mont Dol lui servant d'appui. Aujourd'hui, il n'eſt plus une île ; on y accède par le GR 34.

La vue sur le Mont-Saint-Michel et les îles Chausey y eſt délicieuse.

Au XIIIe siècle, Gerbert de Montreuil, l'un des continuateurs de la geſte arthurienne, fait du « Mont Douloureux » l'œuvre de Merlin. Ce « mont », bâti à l'époque d'Uther Pendragon, père du roi Arthur, frappe de folie qui l'approche sans être élu. Il consiſte en un pilier ceint de quinze croix. En vérité, le pilier serait un menhir. Le « champ de douleur » eſt-il ce Mont Douloureux ? Alors que les nuages enveloppent le menhir et commencent à gronder, je préfère m'éloigner. Certaines queſtions ne doivent jamais trouver de réponse.

« *Il eſt gris comme un* diable en cuirasse. »

Menhir du Champ-Dolent

Accès — *À 67 km de Rennes et à 30 km de Saint-Malo. Depuis la gare de Dol-de-Bretagne (TER), marche de 2 km, via la rue de Rennes, jusqu'au menhir.*

Visite — *Accès libre tte l'année. Profitez-en pour visiter la cathédrale Saint-Samson de Dol : au solstice d'été, le 21 juin, à midi, le tombeau de Thomas James, un évêque du XVe s., s'embrase d'un rayon de soleil ; il tombe précisément sur une coupe d'immortalité et sur la colombe de l'Esprit saint.*

LA TABLE RONDE

Pourquoi la Table ronde nécessite-t-elle plusieurs rallonges ? Arthur est-il vraiment mort ? Le Graal est-il un vase ou une marmite ?

De la Grande à la Petite-Bretagne

La légende de Brocéliande s'écrit au XIe siècle. Raoul II de Gaël-Montfort, qui possède la forêt de Paimpont (près de Rennes), est un fidèle de Guillaume le Conquérant : ils se partagent le succès de la bataille d'Hastings. C'est lui qui colporte les premières légendes arthuriennes auprès des Bretons (de Petite-Bretagne). Il se souvient des chants des bardes gaéliques, avec pour canevas les noms de Lancelot, Perceval, Galaad, Merlin. Au XIIe siècle, Henri Ier d'Angleterre, père de Mathilde l'Emperesse, est un amateur de ces légendes, car elles le légitiment auprès des farouches Bretons de son royaume : il se rêve en roi Arthur. Plus tard, Aliénor d'Aquitaine diffuse cette geste dans le pays de Domfront, proche du château de Carrouges (p. 124), ce qui laisse croire que la fontaine magique de Barenton est aussi là-bas. Chrétien de Troyes est son barde préféré, avec Robert Wace.

Autour de la Table

Merlin demande au roi Arthur la création d'une équipe pour retrouver le Graal. L'équipe doit siéger autour de la Table ronde. Impossible de connaître le nombre précis de chevaliers autour de cette Table ronde : une vingtaine parfois, soixante-douze, voire cent soixante-dix, ailleurs. Sans compter le renouvellement des générations ! Arrêtons-nous sur quelques célébrités. Arthur représente la force royale bretonne, qui résiste à l'envahisseur saxon

au ve siècle. Galaad est le fils de Lancelot du Lac et d'Élaine d'Astolat. Meilleur chevalier du monde (avec Perceval), il trône sur le Siège périlleux et part, avec Perceval et Bohort, jusqu'en Orient trouver le Graal. Il y a aussi Gauvain, neveu d'Arthur. Au-dessus de la Table plane la fée Morgane, demi-sœur d'Arthur, élève de Merlin. Plus tard, elle veillera au repos d'Arthur – la *dormition* –, étant la première des neuf prêtresses, ses sœurs de l'Île Fortunée d'Avalon. Arthur, selon d'autres récits, ne serait pas mort mais dormirait dans une grotte avec ses chevaliers. Quant à Merlin, il ne serait pas enfermé « dans neuf cercles magiques » par la fée Viviane dans un tombeau de cristal, mais reclus volontaire de l'Esplumoir, tour au sommet d'un roc, où il se métamorphoserait à volonté. L'un de mes voyages eut comme but de le trouver, en Écosse (*L'Appel de Merlin*, Éd. Magellan & Cie, à paraître).

Le Graal, coupe ou chaudron ?

Le Graal sacré est une invention de Chrétien de Troyes, au XIIe siècle, pour conter les exploits de Perceval. Le latin *graal* désigne un plat. Il y a l'idée du chaudron celtique – le chaudron d'abondance – et de la marmite de Ceridwen. Dans une version pure, c'est le calice avec lequel Joseph d'Arimathie aurait recueilli le sang du Christ au Golgotha. C'est l'interprétation du XIIIe siècle, de Robert de Boron (*Histoire du Graal*). Avant cela, il était disposé sur la table au repas de la Cène. On murmure qu'il fut rapporté en Occident par Thibaut de Champagne et caché dans la forêt d'Orient, ou dans la ville de Troyes. L'une de ces représentations brille le jour du solstice d'été dans la cathédrale du Dol, à deux kilomètres du menhir du Champ-Dolent (p. 59).

LA CHAUSSÉE BRUNEHAUT

Dans l'Oise, de nombreux châteaux et sanctuaires bordent une voie maudite, la chaussée Brunehaut. Du nom de la princesse wisigothe, épouse des rois francs Sigebert puis Mérovée, cette chaussée forme un réseau en étoile entre les grandes villes du Pas-de-Calais et de la Picardie. Au VIe siècle, la reine Brunehaut avait renforcé cette voie gallo-romaine, permettant à ses armées de rejoindre facilement la mer. Ironie du sort : la reine mourut traînée par son propre cheval après avoir été attachée à sa queue, châtiment réservé aux monarques déchus. Plus tard, au Moyen Âge, Brunehaut fut décrite comme reine en magie noire. Son acolyte, le diable, lui aurait permis de construire son réseau en seulement trois jours et trois nuits. Voilà pourquoi tous les édifices jouxtant cette voie seraient hantés de mauvais anges. Entre Senlis et Soissons, par exemple, les châteaux de Raray, Chantilly et Pierrefonds suivent cette route. Empruntons-la aux côtés du seigneur-poète de cette contrée, Gérard de Nerval, qui, dans son œuvre magnétique *Aurélia*, prévient : « Je n'ai pu percer sans frémir ces portes d'ivoire ou de corne qui nous séparent du monde invisible. »

« JE N'AI PU PERCER SANS FRÉMIR
CES PORTES D'IVOIRE OU DE CORNE QUI NOUS SÉPARENT
DU MONDE INVISIBLE. »

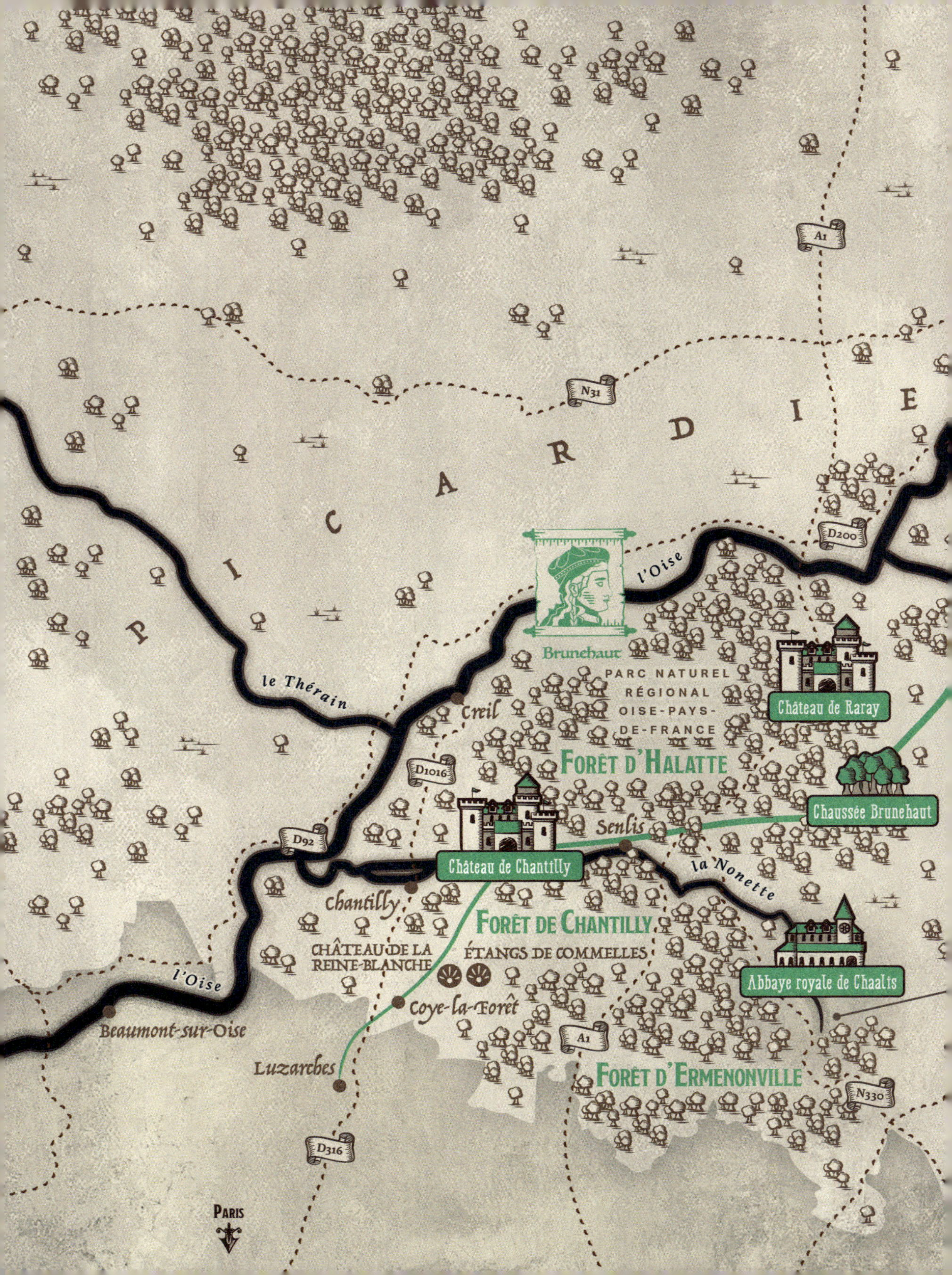

A1
N31
PICARDIE
D200
l'Oise
Brunehaut
PARC NATUREL RÉGIONAL OISE-PAYS-DE-FRANCE
Château de Raray
le Thérain
Creil
FORÊT D'HALATTE
D1016
Chaussée Brunehaut
Senlis
D92
Château de Chantilly
la Nonette
Chantilly
FORÊT DE CHANTILLY
CHÂTEAU DE LA REINE-BLANCHE
ÉTANGS DE COMMELLES
Abbaye royale de Chaalis
l'Oise
Coye-la-Forêt
Beaumont-sur-Oise
A1
Luzarches
FORÊT D'ERMENONVILLE
N330
D316
PARIS

Compiègne
l'Aisne
N31
Forêt de Compiègne
FORÊT DE COMPIÈGNE
Hautefontaine
Soissons
Saint-Étienne-Roilaye
Château de Pierrefonds
Ruines antiques de Champlieu
N2
l'Automne
Villers-Cotterêts
Crépy-en-Valois
Domaine de Chaalis
ORANGERIE
ROSERAIE
MUSÉE JACQUEMART-ANDRÉ
CHAPELLE
RUINES DE L'ABBATIALE

EN FORÊT DE COMPIÈGNE

Ne pas se fier aux allées rectilignes de la forêt de Compiègne ; des failles spatio-temporelles s'ouvrent çà et là : près d'un sanctuaire gallo-romain et dans les cryptes d'un seigneur fratricide.

Le château de Pierrefonds

> *Touchant amour du lieu de naissance,*
> *Tu nous poursuis au-delà du tombeau !*
> *Le meurtrier, pour comble de la souffrance,*
> *Vit s'élever un Pierrefonds nouveau.*

– É. de L'Hervilliers, *Les Deux Seigneurs de Pierrefonds*, 1859.

Quand l'autobus s'engage dans la forêt de Compiègne – son nom signifie « chemin de traverse » –, le vertige m'étouffe. La route droite paraît interminable. Les arbres n'ont presque plus de feuilles, des troncs couchés par endroits favorisent les embuscades. Au XVIe siècle, quand Charles IX vint à Compiègne, on lui présenta l'homme-loup. Il avait été retrouvé dans la forêt, nourri par les fils d'Ysengrin. Velu, il marchait à quatre pattes, étranglait les meutes. Les chevaux étaient battus de vitesse. Il ne s'adapta jamais aux relations humaines et fut placé dans un monastère.

Enfin, voici le village de **Pierrefonds**. Aux marches du Soissonnais, le château était une ruine grandiose jusqu'à la fin du XIXe siècle. Construite au XIVe siècle par Louis d'Orléans, la forteresse avait été démantelée par Louis XIII. C'est donc au milieu des ruines que Louis-Philippe fêta le mariage de sa fille avec le roi des Belges, Léopold Ier, l'été 1832. Par la suite, on découvrit des sources ferrugineuses, et Pierrefonds, par sa proximité avec Compiègne, fit la joie du couple impérial. Napoléon III demanda à ce que l'on restaurât l'édifice. Eugène Viollet-le-Duc eut carte blanche. Dès 1858, le célèbre architecte débutait la restauration ; mais il mourut durant le chantier. Pierrefonds lui prit la vie. Son fidèle assistant, Lucjan Wyganowski, qui construisit notamment la maquette en pierre du château (visible près de l'accueil), mourut, lui aussi, en pleine exécution de son œuvre au château de Pierrefonds en 1886. Les fantômes des lieux n'ont-ils pas apprécié que l'on trouble leur tranquillité ? Déjà, lors de la construction du premier château par le duc d'Orléans, à la fin du XIVe siècle, les ouvriers durent s'interrompre plusieurs fois, effrayés par l'apparition de l'ancien seigneur de Pierrefonds, Nivelon II.

Les huit tours de Pierrefonds portent chacune le nom d'un guerrier célèbre, comptant parmi les Neuf Preux, idéal de la chevalerie au XIVe siècle : Alexandre le Grand, Artus (le roi Arthur), Charlemagne, Godefroy de Bouillon, Hector, Josué, Jules César et Judas Maccabée. Le roi David n'a pas sa tour, mais son étoile orne la rosace de la chapelle. La **tour Jules-César**, qui garde l'entrée, est la plus imposante. Dans une niche extérieure, chaque tour porte la statue de son génie.

À peine entré dans la cour du château, je remarque un gigantesque lézard en gouttière. Quand il pleut, il déverse toutes sortes de malédictions. Du haut de l'escalier des invités, le griffon surveille les passages. Puis les pièces vides mènent aux réserves de chimères et de diables en plomb – ils proviennent des ateliers Monduit, qui contribuèrent aux chantiers de Viollet-le-Duc et de Bartholdi, notamment pour la *statue de la Liberté*. Notez que ce sont les doubles authentiques en plomb de ces œuvres, que l'on trouve à Pierrefonds, non des copies. Parfois, des fenêtres, je plonge mes yeux dans la cour, qui m'apparaît comme une cage aux lions. Je retarde le moment d'y descendre. Vient la **salle des Preuses**, la salle de bal du Second Empire. C'est la plus grande. Le parquet craque terriblement, ce qui attire l'attention des nombreuses statues : celles de l'empereur Charlemagne et de ses princes paladins. Sur la monumentale cheminée, à l'autre bout de la salle, neuf figures féminines clament l'amour courtois. Ces preuses ont pour modèle l'impératrice Eugénie et ses dames de compagnie.

Château de Pierrefonds

Accès — *Rue Viollet-le-Duc, Pierrefonds, à 14 km de Compiègne (gare TER). Bus 657 au départ de Compiègne.*

Visite — *2 mai-4 sept. : tlj. 9h30-18h ; 5 sept.-avr. : tlj. 10h-17h30. Tarif 8 €. 03 44 42 72 72, www.chateau-pierrefonds.fr*

« Quand l'autobus s'engage dans la forêt de Compiègne, le vertige m'étouffe. La route droite paraît interminable. Les arbres n'ont presque plus de feuilles, des troncs couchés par endroits favorisent les embuscades. »

Depuis l'heure et demie que je suis dans l'édifice, je n'ai croisé aucun être humain. Nous sommes pourtant mercredi, il devrait y avoir des enfants, des rires et des jeux légers. Je gagne les **caves**, qui datent du siècle de Nivelon le maudit. Les souterrains ont conservé leurs fantômes. Dans la pénombre, Charles d'Orléans et son frère Louis, mais aussi François Ier, Agnès Sorel, les reines Catherine de Médicis et Anne de Bretagne… recrutent de nouvelles ombres pour une armée secrète. Leurs gisants sont des copies voulues par Louis-Philippe des sculptures de la basilique Saint-Denis. Ils étaient auparavant au musée de Versailles. Ce « bal des gisants » cache l'entrée des oubliettes. Le squelette d'une femme, morte sous le règne de Philippe Auguste – maître des lieux en 1185 –, fut découvert dans un puits.

En somme, Pierrefonds est le château des doubles, des présences qui se prolongent en parallèle. Le soleil est presque tombé derrière les hauts arbres de la forêt de Compiègne. Je songe qu'il va falloir la retraverser. Après toutes ces émotions, je me sens bien vulnérable. Un peu égaré, je lève les yeux ; le nom de la rue est à demi versé dans l'ombre : « sentier Brunehaut ».

Les ruines antiques de Champlieu

Au seuil de la vallée de l'Automne, en lisière de la forêt de Compiègne, les ruines de Champlieu sont pleines de sortilèges. Je m'arrête d'abord dans l'**église**, une ruine romane au milieu des champs. La pâle lumière de cette fin mars donne à la mousse, sur les pierres, des reflets d'écailles. L'édifice fut construit entre le XIe et le XIIe siècle avec les pierres de la cité gallo-romaine, huit cents mètres au nord-est, le long de la chaussée Brunehaut. À l'entrée de l'église, un calvaire joue à cache-cache dans un bosquet de marronniers. Trois arbres désolés lui répondent, plus loin dans la plaine. Puis le chœur ruiné s'ouvre vers les champs... Une ligne part, tout droit, en direction de la cité gallo-romaine, comme la trace d'un animal surpris de ma visite. Mais quelque chose d'autre remue par ici. Des présences éparses. En 1978, des fouilles autour de l'église mettent au jour près de cinq cents sarcophages mérovingiens. Un plus grand nombre encore repose sous mes yeux, dans le champ séparant l'église de la cité romaine. Pour l'instant, ils sont en paix.

Au tympan de l'église, une inscription latine aujourd'hui effacée indiquait : « L'image de Dieu est plus respectée dans ce temple que l'image de Marie, la plus belle rose. 1716 » ; *Le Petit Parisien* du 19 juin 1909 nous apprend qu'une dame blanche y était honorée lors d'un pèlerinage annuel, après qu'une jeune fille tombée au fond d'un puits attenant en fut ramenée trois fois à la surface, par une « grande dame », dont elle ne sentit que le bras. Depuis les années 1960, on signale le fantôme d'une jeune femme qui erre au bord de la route, et qui demande assistance. Avec son époux, elle fut tuée dans un accident de voiture, devant l'église, accident que d'aucuns attribuent à la chaussée maudite.

Suivant ce chemin, décidément périlleux, je rejoins la cité antique. Au bout de huit cents mètres, m'y voilà. Nombre de témoignages affirment qu'à certaines dates des cités gallo-romaines, pourtant moins que des vestiges, semblent revivre.

Leurs routes pavées bruissent à nouveau d'échos, des chants s'élèvent des théâtres… autant de manifestations d'une existence surnaturelle. Les chasseurs de fantômes sont unanimes : il y a une recrudescence de phénomènes paranormaux à proximité des voies antiques, plus encore quand deux d'entre elles se croisent. La cité de Champlieu est divisée : au nord de la chaussée Brunehaut, vous trouverez les fondations du **temple antique**, sur une butte. Les frises qui le décoraient – visibles au musée Vivenel de Compiègne – représentent la danse des monstres avec les néréides, et des tritons avec un centaure marin. Au sud de la chaussée magique s'étendent le **théâtre** et les **thermes**. En forme de fer à cheval ou de demi-lune, ils sont la partie la mieux conservée. On peut franchir les six couloirs, gagner les gradins de l'orchestre, tomber amoureux d'une actrice…

« La pâle lumière de cette fin mars donne à la mousse, sur les pierres, des reflets d'écailles. »

Dans cette vallée de l'Automne, qui chante le dépouillement et la mélancolie, les ruines de l'église et du théâtre, formées d'une même pierre, sont la ville endormie dont la reine Brunehaut détient les clés. D'ailleurs, les arbres de Champlieu, quand ils ne se crispent pas sur les talus, ouvrent des seuils vers son royaume. Marchant quelques pas sur la chaussée maudite, je l'abandonne avant qu'elle ne s'engouffre dans la forêt de Compiègne.

Ruines antique de Champlieu

Accès — *Orrouy, à 12 km de Crépy-en-Picardie.*
Visite — *Tte l'année. Accès libre. 03 44 10 72 20 (service départemental d'Archéologie de l'Oise), www.oise.fr/actions/culture-et-patrimoine/archeologie/sanctuaire-de-champlieu*

Musée Antoine-Vivenel

Accès — *2 bis, rue d'Austerlitz, Compiègne.*
Visite — *Mar. et sam.-dim. 10h-13h et 14h-18h, mer.-ven. 14h-18h. Tarif 4 €. 03 44 20 26 04, www.musee-vivenel.fr*

+EN FORÊT D'HALATTE

Les licornes, qui peuplaient la forêt d'Halatte, n'ont pas toutes été chassées par les seigneurs de Raray : l'une s'est pétrifiée près du château de la Belle et la Bête, et reprend vie, au clair de lune.

Le château de Raray

Raray. Il y a dans ce nom mélodieux, entêtant, la graine d'un sortilège. Quand Jean Cocteau est venu y tourner *La Belle et la Bête,* en 1945, le domaine était couvert de ronces. Un golf luxueux l'occupe à présent. Avançant vers la façade principale du XVIIe siècle, je suis cerné par deux balustrades, dites **haies cynégétiques** parce que tirant leurs motifs des chasses à cour. Ces deux haies m'enferment dans une gravure de Gustave Doré, tant Peau d'Âne ou Cendrillon pourraient escorter l'équipage vers un château de cristal. D'abord, dans les niches, une quarantaine de bustes d'impératrices et d'empereurs romains, ainsi que de divinités grecques scrutent le visiteur. Au-dessus, tout autant de chiens sont sculptés dans diverses attitudes. Un cerf les affronte d'un côté ; de l'autre, c'est un sanglier. En passant la haie de droite, sous le cerf, je me retrouve en lisière du bois. J'ai l'impression de surprendre une licorne broutant l'herbe. J'avance vers la **Porte rouge**, dans le mur de clôture du domaine. L'ouvrage est plus connu sous le nom de « porte de Diane » ou « porte de la Licorne ».

La femme d'un châtelain du XVIIe siècle était italienne, d'où son inspiration florentine. L'image de la licorne naquit en Inde. Sa magie vint en Europe sous l'action du médecin grec Ctésias, au Ve siècle av. J.-C. Plus tard, elle fut assimilée au Christ lui-même. Quatre chiens accompagnent la licorne de Raray ; ils représentent deux couples, si l'on se réfère au symbolisme chrétien : la Justice et la Paix, la Miséricorde et la Vérité. La légende veut que seule une jeune vierge puisse approcher une licorne.

J'imagine les seigneurs la franchir à cheval, la meute hurlante à leurs côtés, puis cingler vers les bois du Haut-Montel, sous le regard complice de Diane. Celle-ci entretient avec les chasseurs un rapport étrange. L'histoire d'Actéon est évocatrice : le chasseur Actéon épiait Diane se baignant nue dans une source. En lui jetant de l'eau au visage, elle le transforma en cerf ; il fut immédiatement dévoré par ses chiens. Une ombre plus douce se promène autour de la Porte rouge, celle du chevalier de Villers-Rambures.

Au XVIIe siècle, Ninon de Lenclos, « Notre Dame des Amours » selon Walpole, digne héritière de Marion de Lorme, eut de nombreux amants, qu'elle classait en trois notes : « payeurs », « martyrs » ou « caprices ». La mère de Ninon la prostitua dès ses dix-huit ans, puis Ninon mena sa vie libertine avec adresse, devenant une véritable muse, tant par la science que par les fréquentations. Avant ses dix-huit ans, Lenclos eut une histoire tendre avec le baron de Raray, François de Lancy, capitaine des gens d'armes de Gaston d'Orléans et fils cadet de Nicolas de Lancy, bâtisseur de l'actuel château de Raray. De leur union naquit le chevalier de Villers. Mis en nourrice et jamais reconnu par son père, le chevalier grandit dans l'ignorance de ses deux parents. En 1672, il s'éprit de Ninon de Lenclos, alors âgée de cinquante-deux ans. Apprenant qu'elle était sa mère, il se suicida. S'est-il transpercé d'une épée dans les bois de Ninon, à Picpus ? S'est-il pendu sous la Porte rouge ? Parfois, des enfants sont abordés par un petit garçon blessé. Quand ils racontent l'histoire, ils ne parlent jamais de fantôme, non, plutôt « d'une statue qui a bougé, près de la Porte », puis ils se mettent à pleurer.

« La lune est le soleil des statues », disait Jean Cocteau. Cette pensée m'anime tandis que j'observe la licorne, à l'expression si vivante. Mais la pensée que Diane puisse me considérer comme un nouvel Actéon me fait tressaillir. Le crépuscule approche, et les narcisses au pied de la porte semblent dire : « Nous aussi avons été humains un jour ! »

Château de Raray

Accès — *4, rue Nicolas-de-Lancy, Raray, à 14 km de Senlis.*

Visite — *Site privé (golf et hôtel). 03 44 60 01 94. Visite guidée uniquement de l'extérieur, sur réservation, tous les dim. juin-sept., par des guides-conférenciers de l'association Aquilon (tarif 9 € ; 06 72 36 60 74, www.aquilon-decouverte.com).*

+EN FORÊT DE CHANTILLY

Dans la forêt de Chantilly, les dames blanches volent au secours d'un jeune prince aboyant comme un chien. Son père, pendant ce temps, construit des écuries, car il se rêve en cheval, après sa mort. Son grand-père n'était-il pas lui-même un loup-garou ?

Le château de Chantilly

Un ciel pommelé couvre la Picardie. C'est une promesse de mauvais temps. Avant d'atteindre le château, je passe devant les **grandes écuries**. Construites au XVIIIe siècle, elles sont l'œuvre du septième prince de Condé, qui espérait se réincarner en cheval. Sous les trois têtes d'équidés, impossible de ne pas songer à la reine Brunehaut, morte dans les alentours, traînée attachée à la queue de sa monture. Sa magie est toujours puissante dans les environs, et l'une des portions de sa route maudite traverse le domaine de Chantilly.

Une petite pente, et voici le château posé sur la Nonette. Le nom « Chantilly » rappelle son premier maître, le Romain Cantilius : il construisit sa villa sur un rocher de cette rivière. Est-il l'énigmatique L. Cantilius, scribe pontifical cité par Tite-Live, condamné à mort pour s'être enamouré d'une vestale ?

J'attends l'ouverture des grilles quand un vol d'oies sauvages frôle les tourelles du château. N'est-ce pas la période et le tumulte de leur migration qui faisaient dire aux ancêtres qu'elles précédaient les chasses fantastiques ? Passant devant le **petit château**, le plus près de la rivière, je songe qu'il est le dernier témoin des fastes de l'Ancien Régime. Construit par Anne de Montmorency au XVIe siècle, il ne fut pas, comme le grand château de Chantilly, rasé et reconstruit dans la seconde moitié du XIXe siècle par le duc d'Aumale.

Devant ce petit château, la statue d'un chien m'impressionne. Si le septième prince de Condé, Louis-Henri de Bourbon, voulait être réincarné en cheval, son fils, lui, croyait descendre d'un chien et, à ses heures, courait japper dans le parc. Pour être complet, le fils du Grand Condé, Henri-Jules de Bourbon, souffrait déjà de lycanthropie, et se transformait en loup-garou… Je passe un long temps sur la terrasse. Ce n'est qu'à son sommet que l'on découvre l'immensité des **jardins**. Les sphinges et les cerfs qui la composent forment un plateau de Gizeh transposé au cœur de la Picardie. Des rayons de soleil effleurent la pierre des sphinges ; vont-elles chanter comme les colosses de Memnon ?

LES ÉTANGS DE COMMELLES

Les étangs de Commelles furent créés au XIIIe siècle par les moines de Chaalis – étaient-ils ces « moines rouges » craints par Nerval ? Puis le seigneur de Viarme y construisit sa loge, flanquée d'un moulin. Au début du XIXe siècle, cette loge devint le pavillon de chasse de Louis VI de Bourbon-Condé, plus connue sous le nom de « château de la Reine-Blanche », sans doute parce que Blanche de Castille y fit construire le premier château, fondations de l'actuel. Mais la reine blanche est surtout un fantôme, celui de la reine Brunehaut. L'une de ses chaussées magiques longe le château de la Reine-Blanche, et s'engouffre dans la forêt.

Accès — *À 8 km du château de Chantilly. Station RER Orry-la-Ville-Coye à 2,3 km des étangs.*
Visite — *Château fermé au public.*

Puis les derniers carrés bleus du ciel disparaissent sous les ecchymoses. Bientôt les grêlons viennent mordre le sol; le retourner, comme s'ils cherchaient quelque chose. M'abritant sous les arbres du parc, je vois fuir un à un les promeneurs. L'orage gronde à présent; les fenêtres s'illuminent, des visages effrayés s'y encadrent; à moins que ce ne soient les reflets des bustes alignés contre le mur. Je me réfugie dans le château.

La grande **salle de réception** est impressionnante : des candélabres sont tenus par des mains sortant des murs. Une autre histoire, diabolique, hante ce château. Voilà cinq siècles, Louise de Budos, « la plus belle et la plus accomplie dame de son siècle », se fait offrir une bague par une mendiante, à Pézenas. Si elle la porte, son bonheur est assuré, prévient la mendiante. Henri de Montmorency, le connétable, s'éprend aussitôt de Louise et l'épouse. Mais Montmorency part souvent guerroyer. Alors, dans le parc de Chantilly, Louise fréquente un homme étrange. Elle le craint bientôt. Le 26 septembre 1598, ils ont rendez-vous. Le soir même, Louise, vingt-trois ans, est retrouvée morte dans un cabinet du château, couchée sur le dos, mais la tête tournée à cent quatre-vingts degrés. La porte est fermée de l'intérieur. Il n'y a aucune trace de violence physique mais la salle sent le soufre. Laurence de Dizimieu, la tante de Louise, dévastée, se jette sur le corps de sa nièce pour l'embrasser. Elle récupère alors l'anneau, comme relique. Immédiatement, Henri tombe amoureux de Laurence. Le mariage est célébré.

Craignant les rumeurs d'envoûtement, Laurence jette l'anneau dans les jardins d'Écouen ou de Chantilly. Peu après, Montmorency demande le divorce, alors que le pape n'a pas encore béni le mariage. Le talisman aurait-il cessé son œuvre ? Dès lors, Laurence de Dizimieu ne doit plus jamais paraître à Chantilly. Victime de folie, elle erre de château en château, et meurt quarante ans plus tard. Le mémorialiste Saint-Simon ajoute que le fantôme de Louise de Budos apparaissait à une fenêtre du cabinet des armes quelques jours avant le décès de l'aîné des Condé. En 1686, l'écuyer Vervillon aperçut, depuis la cour,

une silhouette de «mort enseveli»; «femme vêtue singulièrement, appuyée et très avancée sur cette fenêtre et qui regardait tellement en bas qu'il ne put voir que peu et imparfaitement son visage». Pourtant, la salle, encombrée d'objets vétustes, était fermée depuis six ans. Le prince de Conti d'alors, Louis II de Bourbon, dit le «Grand Condé», en fut informé, et, connaissant les traditions du château, fit ses prières. Le 11 décembre 1686, il suivit dans la mort son épouse, atteinte de la vérole.

Profitant d'une accalmie, je sors dans le **parc**. Malgré bien des jalousies, Louis II de Bourbon, maître des lieux sous Louis XIV, était respecté par ce dernier. «Mon cousin, quand on est chargé de lauriers comme vous, on ne peut marcher que difficilement», répondait Louis XIV quand le Grand Condé craignait de le faire attendre au haut de l'escalier de marbre à Versailles. Au moment d'entrer sur l'**île d'Amour**, le ciel retrouve son bleu doux. Quelques nuages font des plumes.

Seul, je déambule autour des bassins. Des cygnes s'y reposent. Les jets d'eau faiblissent. Des cyclopes détachés de leur grotte courent derrière les nymphes, mais peut-être n'est-ce que l'ombre des nuages.

Je quitte Chantilly dans un état de solitude que je n'ai pas connu depuis. En repassant devant les écuries, je constate que la tête d'un cheval est orientée bizarrement; n'était-elle pas tournée vers la droite tout à l'heure? Elle l'est maintenant vers la gauche.

Château de Chantilly

Accès — *À 40 km de Paris via l'A 1 ou la D 316. Gare TER de Chantilly-Gouvieux.*

Visite — *Musée 26 mars-21 oct.: mer.-lun. 10h-18h (parc jusqu'à 20h). Tarif 17 €. 03 44 27 31 80, www.chateaudechantilly.fr*

DANS LA FORÊT D'ERMENONVILLE

Près du désert de Jean-Jacques Rousseau, voici l'annexe du musée parisien Jacquemart-André. Si les fabuleuses collections vous intriguent, surtout ne jamais demander de renseignements aux moines rouges, qui peuplent les ruines de l'abbaye.

> *Il y a ici de tristes créatures dont vous ignorez l'existence, et qui sont ensevelies pour le reste de leurs jours dans ce vieux bâtiment qu'une cour toujours fermée sépare du troisième cloître. […] Des malheureux, des prisonniers, des fous (…)*

L'abbaye de Chaalis

Dans la forêt d'Ermenonville, à une vingtaine de kilomètres de Chantilly, voici l'abbaye de Chaalis. La ruine de l'**église** apparaît au bout d'une allée de tilleuls. Sous le ciel de février, d'un bleu éclatant, la blancheur de la pierre donne l'illusion d'une base aérospatiale élevée dans la savane. Les ombres projetées à travers la fente des vitraux du chœur font d'immenses portails sur le sol. Je crains d'y passer; ce serait entrer dans le premier cercle du purgatoire. Sur la **chapelle** du XVIe siècle, d'étonnantes gargouilles claironnent avec des éléphants. Pourquoi des éléphants sur une façade religieuse ? L'abbaye fut édifiée au début du XIIe siècle, sous le règne de Louis VI le Gros, en lieu et place des métairies de Charlemagne. Elle devint la plus importante du royaume. Puis la Renaissance vit le cardinal de Ferrare, Hippolyte II d'Este, en devenir l'abbé commendataire. Ce fils de Lucrèce Borgia transforma Chaalis en petite Sixtine, chargeant le Primatice des fresques de la chapelle. Au début du XXe siècle, Nélie Jacquemart-André, grande voyageuse, notamment en Inde et en Birmanie, acheta le domaine. Son importante collection de plus de six mille œuvres a depuis rejoint le **château-musée** du XVIIIe siècle. La collectionneuse elle-même repose dans la chapelle Sainte-Marie. Les éléphants qui la veillent avaient été ajoutés au XIXe siècle, avant l'achat du domaine par Nélie Jacquemart – dans sa jeunesse, elle avait souvent eu l'occasion d'arpenter les lieux –, ils ne dénotent donc pas son goût pour l'Inde.

Au milieu des ruines de l'église, je marche entre les colonnes brisées et les blocs de bénitiers. Ils ont l'apparence de coquillages; en y posant l'oreille, j'entendrais peut-être l'écho des mystères sacrés, auxquels participait le jeune Gérard de Nerval. C'est en lisant ses *Promenades et Souvenirs* de Picardie que j'ai découvert les sombres aspects de Chaalis. Nerval s'y remémore les « moines rouges » de l'abbaye « qui enlevaient les femmes, et les plongeaient dans des souterrains ». Qui étaient ces moines rouges ? Peu avant lui, dans son roman *Le Moine de Chaalis* (1843), Mme Charles Reybaud faisait dire à l'un des moines de 1770, à la demande du novice Estève : « Il y a ici de tristes créatures dont vous ignorez l'existence, et qui sont ensevelies pour le reste de leurs jours dans ce vieux bâtiment qu'une cour toujours fermée sépare du troisième cloître. […] Des malheureux, des prisonniers, des fous (…) » Pendant toute ma visite, je cherche le troisième cloître, le cloître interdit. Le mystère de Chaalis est d'autant plus fort qu'on ne sait sur quoi il repose. Ce troisième cloître mènerait aux souterrains des moines rouges… Mme Reybaud et Gérard de Nerval ont, semble-t-il, pris part aux mêmes mystères.

Entre les statues du **parc**, il m'est difficile de ne pas voir le fantôme de Sylvie ou celui d'Aurélia, main dans la main avec leur créateur, Gérard de Nerval. Le grand poète du Valois, gardien des portes d'ivoire et de corne (écluses du Sommeil, filtrant l'illusion d'une part, et les songes prophétiques de l'autre), regrettait la France des légendes. Revenant sur les lieux de son enfance, il revoyait les fêtes jouées par son amie Adrienne dans les ruines de l'abbaye. Plus qu'aucun autre, c'est le fantôme de Gérard que l'on surprend ici, à la recherche de ses Filles du feu aux moues de chimères. Peut-être que, tel Orphée, il s'est retourné vers Sylvie, Angélique, Aurélia ou Jemmy trop tôt, avant d'avoir quitté les enfers, provoquant sa folie. À Paris, rue de la Veille-Lanterne, on l'a retrouvé pendu à une grille, un matin de janvier 1855. Son dernier billet était pour sa tante : « Ne m'attends pas ce soir car la nuit sera noire et blanche. » Sur sa tête encore chaude, il portait un haut-de-forme.

Abbaye de Chaalis

Accès — *Fontaine-Chaalis, à 10 km de Senlis.*

Visite — *Avr.-sept. : tlj. 10h-18h ; oct.-mars : sam.-dim. et vacances scolaires 10h-17h. Tarif 10 €. Journées de la rose le 2e w.-e. de juin (le domaine de Chaalis a l'une des plus belles roseraies de France). 03 44 54 04 02, www.domainedechaalis.fr*

BESTIAIRE FANTASTIQUE

Des créatures peu communes peuvent vous surprendre dans chaque région de France – tel le dieu Pan qui sort de ses buissons et provoque la fameuse peur panique. Ces apparitions sont intempestives. Pour mieux vous y préparer, voici quelques lieux où il faut rester sur ses gardes, et vous munir de jumelles.

Sur la place du village

Avec le temps, les créatures fabuleuses quittent leur caverne et se montrent sur les places des villages. À Tarascon (p. 244), devant le château du roi René, voyez l'œuvre de Pascal Demaumont, qui représente l'animal vaincu par sainte Marthe. Parfois, il faut lever les yeux de la fontaine vers les toits de l'église. À Angles, en plein Marais poitevin, l'ours du Troussepoil orne le pignon de l'église. Pétrifié par l'abbé Martin, il mange, depuis, la beauté des filles. À quatre kilomètres d'Angles, c'est un lapin qui fume la pipe que vous trouverez sur le toit de l'église de Saint-Benoist-sur-Mer (p. 226).

Dans les cloîtres

Le tympan des églises exhibe souvent un bestiaire remarquable (à l'adresse des fidèles tentés par la luxure...) : ceux de Conques et de Vouvant (p. 210) le sont particulièrement. Mais vous ne serez pas non plus à l'abri dans les cloîtres. Par exemple, à moins de cinq kilomètres l'un de l'autre, dans ceux de Saint-Trophime d'Arles et de l'abbaye de Montmajour (p. 249), aux portes des Alpilles. Dans le premier se trouvent des figures reconnaissables de Tarasque ; dans le second, cette même Tarasque discute avec la reine de Saba. Si vous voulez voir des sirènes, non pas dans un cloître mais sur les piliers d'une église, rendez-vous à Varengeville, en pays de Caux, sous les vitraux de Georges Braque. Le cimetière marin est à côté. Hâtez-vous de visiter Varengeville : année après année, la Manche ronge les falaises ; d'ici à vingt ans, l'église du XIe siècle devrait avoir rejoint les flots. Il est question de la déplacer sur des rails. Sinon, dans dix siècles, on vous parlera d'une église mangée par les sirènes, et dont les cloches pleurent les nuits d'orage.

À vos jumelles !

Dans les vieux centres-villes, de petites têtes en bois grimaçantes ornent les linteaux de certaines fenêtres. Les « maisons des Têtes » sont une armée en France. Vous en trouverez une à Colmar, à Valence, à Viviers... La maison des Templiers de Salers (Cantal) présente d'étonnants médaillons barbus ; images des mystères de l'Ordre, qui aurait adoré ses propres divinités ? Ailleurs, prenez vos jumelles : une chouette magique se révèle dans l'église Notre-Dame de Dijon. L'Ankou règne à Brasparts et à La Roche-Maurice, près de Brest. L'homme sauvage rôde au n° 21 de la rue de la Coutellerie, à Thiers (Auvergne), et sur la façade du château de Meillant (Berry). Une chauve-souris conjure les mauvais sorts du château de Combourg (p. 55) et la chouette de l'abbaye de Fontaine-Guérard (p. 118) devrait laisser tranquille la Mémoire du lieu, si elle écoute enfin sa Pensée.

DANS LA FORÊT OBSCURE

Île-de-France

8 septembre 1598. Lors d'une chasse en forêt de Fontainebleau, Henri IV est surpris par d'autres chiens qui aboient aux sons d'un cor. La scène n'est que bruits. Parti en éclaireur, le comte de Soissons lui rapporte : « Il m'a semblé voir à travers la feuillée quelque chose de semblable à un homme gigantesque. — Vous a-t-il parlé ? — J'ai entendu distinctement une voix qui murmurait à mon oreille : « M'entendez-vous ? » — Et puis ? — Et puis je n'ai plus rien vu. » Interrogés, les bûcherons confessent au roi qu'une ombre noire circule dans la forêt, maîtresse d'une chasse endiablée : ils l'appellent le Grand Veneur ; c'est un spectre d'homme sauvage, et son apparition n'est jamais de bon augure. De fait, le comte de Soissons meurt au château de Blandy trois ans après sa rencontre avec le chasseur noir. Des témoins certifient alors avoir vu l'ombre entrer dans la chambre et récupérer son âme. Le Grand Veneur fit d'autres apparitions. Le duc de Sully, compagnon d'armes d'Henri IV, l'entendit un soir, depuis son cabinet de travail ; en 1698, Louis XIV raconta : « Un personnage d'allure surnaturelle surgit devant moi, faisant cabrer mon cheval, et m'adressa quelques paroles. »

« [...] UNE OMBRE NOIRE CIRCULE DANS LA FORÊT, MAÎTRESSE D'UNE CHASSE ENDIABLÉE : ILS L'APPELLENT LE GRAND VENEUR ; C'EST UN SPECTRE D'HOMME SAUVAGE, ET SON APPARITION N'EST JAMAIS DE BON AUGURE »

la Seine
Paris
Saint-Cloud
la Seine
Noisy-le-Grand
La Fosse-aux-Loups
Plaisir
Versailles
Meudon
A4
N12
Créteil
Pays des Carnutes
N12
Forêt de Meudon
La Pierre-Ardoue
Forêt de Fausses-Reposes
Île de France
Palaiseau
Brie-Comte-Robert
Forêt de Rambouillet
Parc naturel régional de la Haute Vallée de Chevreuse
Rambouillet
Corbeil-Essonnes
Château de Blandy-les-Tours
A10
N10
Pays de Brie
Melun
N20
A6
la Seine
A10
D191
Abbaye du Lys
D191
Forêt de Fontainebleau
Étampes
Fontainebleau
Le Grand Veneur

+LE PAYS DE BRIE

En lisière de la forêt de Fontainebleau, sur les terres du Grand Veneur, une abbaye royale fleurit de vestiges, et un château aux épaisses murailles attire tous les fantômes de France la nuit de l'Épiphanie.

L'abbaye du Lys

C'est dans un quartier d'immeubles, face à une zone commerciale, que l'on trouve une des merveilles de l'Île-de-France. L'émotion est d'autant plus forte qu'il nous semble entrer dans un rêve. Au milieu du grand parc boisé, en bordure de forêt, voici l'abbaye du Lys. C'est une abbaye gothique, en ruine, certes, mais d'une finesse peu commune. Des arceaux lui donnent l'air impérial d'un aqueduc oublié ; d'un mirage en voussures, ciselé par les anges. Il reste un peu du transept, du chœur et du chevet. Deux doubleaux encadrent le croisillon sud, où la rosace fleurit depuis près de huit siècles. En 1253, le cœur de Blanche de Castille, mère de Saint Louis et fondatrice de l'abbaye, y est déposé. On ignore l'emplacement de sa tombe. Peut-être même son cœur a-t-il été mangé par les bœufs, quand l'abbaye leur servait d'enclos, durant la Révolution ? En avril 1430, alors qu'elle marchait vers Melun, Jeanne d'Arc y aurait entendu les voix lui annoncer sa prochaine capture. En 1659, les portes du Lys se referment sur Marie Mancini, la nièce du cardinal Mazarin, principal et influent ministre de la régente Anne d'Autriche, mère du futur Roi-Soleil. On lui reproche d'avoir séduit le jeune Louis XIV, auquel est promis l'infante d'Espagne, une alliance plus digne de son rang.

Dans les ruines gothiques, on signale le fantôme d'un homme poursuivi par ses chiens. C'est un seigneur local qui se défenestra de sa plus haute tour, après avoir tué ses chiens de la même façon. Le voir est de mauvais augure. Préférable est d'entendre l'orgue, puis d'assister à la procession des nonnes aux flambeaux. Ces nonnes doivent être les dernières résidentes des lieux, chassées en 1792, lorsque l'abbaye fut cataloguée parmi les biens nationaux. Elle fut alors pillée, puis méthodiquement démolie. Les statues, cloches, pierres tombales, l'or et l'argent des ex-voto furent conduits à Paris. L'orgue qui résonne est donc un fantôme de cuivre fondu. Si vous écoutez les nonnes jusqu'au matin, elles vous montreront peut-être où repose le cœur de Blanche.

Notez qu'un mendiant solitaire apparaît sur certaines photographies ; est-il un fantôme du seigneur déchu ?

À la fin de la visite, la tête commence à me tourner. Une stèle marquée d'un lys heurte mes pas. Comment suis-je venu dans ces ruines ? Le sentiment qu'une force m'a conduit là, avant de m'abandonner sur le champ, me gagne. C'est idiot, certes ! Un don d'ubiquité a-t-il projeté mon double ici ? À moins que ce ne soient les pollens d'avril qui m'engourdissent, ou le las mémento de Marie Mancini... J'incrimine un brusque retour à la réalité. Devant le centre commercial de l'abbaye, pendant quelques secondes, j'étais sûr d'avoir passé la porte de corne – la porte de corne et la porte d'ivoire sont les deux écluses du sommeil ; si la porte de corne nous ouvre à l'euphorie des songes prémonitoires, l'autre porte, taillée dans l'ivoire, nous entoure d'*elephairomai*, de « tromperie ».

Abbaye du Lys

Accès — *Rue du Bas-Moulin, Dammarie-les-Lys à 5 km de Melun.*

Visite — *Visite libre des ruines et du parc paysager de l'abbaye (8 ha). 01 64 87 44 06 (mairie).*

Le château de Blandy-les-Tours

Les tours du château de Blandy veillent sur les coquelicots du pays briard. En ancien français, *Blandy* signifie « lande »; en la suivant à cheval, nous atteindrions Vaux-le-Vicomte en dix minutes.

Dans cette vallée de l'Ancœur, sous le ciel de mai, le spectacle est radieux. Des crins de licorne semblent flotter dans l'air. Pourtant, Blandy-les-Tours serait le château le plus hanté de France. Des chevaliers errants viennent y faire sarabande le jour des Morts. Ils lèvent la pierre de leur sarcophage et forment des rondes, avec des cierges et des chandeliers. Un glas résonne et le *Dies irae* commence. Les spectres touchent les pierres et les marches en y laissant des « empreintes flamboyantes ». Les livres qu'ils effleurent se réduisent en cendres le lendemain.

Tout en meulière, le château tient d'un hérisson piquant le ciel de six tours. La partie la plus ancienne est du XIIe siècle. Sur les remparts, entre la tour maîtresse et la tour des Archives, j'entends le père d'Hamlet s'écrier, comme dans la tragédie de Shakespeare : « Mon heure est presque venue où il faut qu'aux flammes de soufre et de tourments je me livre. » Ne dit-on pas qu'un seigneur de Blandy, pour avoir tué son frère, erre parfois avec un poignard, de salle en salle, à la recherche de nouvelles victimes ? Puis je songe à François Ier d'Orléans, comte de Dunois, compagnon d'armes de Jeanne d'Arc pendant la guerre de Cent Ans. Il viendrait à Blandy tous les ans, le jour de l'Épiphanie, à la tête d'une armée de spectres.

> « *Des chevaliers errants viennent y faire sarabande le jour des Morts. Ils lèvent la pierre de leur sarcophage et forment des rondes, avec des cierges et des chandeliers.* »

Château de Blandy-les-Tours

Accès — *Place des Tours, Blandy. De Melun (gare RER), bus 24 (avenue de Meaux).*

Visite — *Mars-avr., sept.-oct. et déc. : mer.-lun. 13h30-17h30 ; mai-août : mer.-lun. 13h30-18h30. Nocturnes jusqu'à 23h l'été, 20h l'hiver. Tarif 7 €. 01 60 59 17 80, www.chateau-blandy.fr*

Du haut des murailles, j'essaie de distinguer les grandes villes de ce pays de Brie – Nemours, Melun, Coulommiers… – et plus encore un autre emplacement, au pied des tours, celui de l'**arbre maudit**. C'est sous ce chêne druidique que le premier seigneur de Blandy, Ursion Ier, tua son frère, qui convoitait la même femme que lui… Dès lors, l'arbre fut considéré maudit. De siècle en siècle, les villageois le craignaient davantage. Parfois, des cris en sortaient. Au XVe siècle, Gavy, l'intendant du comte de Dunois, profitant de l'absence de son maître, rançonnait les habitants. On le voyait souvent rôder près du chêne. Lorsque Dunois fut inquiété à cause de son appartenance à la ligue du Bien public (la fronde des grands vassaux, tels que Charles le Téméraire, contre Louis XI), on aperçut Gavy se ruer dans les souterrains du château pour cacher un trésor.

Ce fut la dernière apparition du farouche intendant. On s'inquiéta même de son absence. Au retour de Dunois, les villageois coururent lui demander son aide car le chêne maudit, au lendemain de la disparition de Gavy, avait hurlé ; et, certaines nuits, il produisait de la lumière ! Le comte ordonna son abattage. À l'intérieur du tronc fut découvert un squelette enlaçant une cassette d'or et de joyaux – celle que Gavy avait dérobée à son maître. On déclara que le chêne avait fait justice.

Tous ces personnages glissent dans mon esprit tandis que j'entre dans la **cave**. La pierre est grumeleuse. N'a-t-on pas trouvé là des sarcophages : une centaine de tombes, mérovingiennes et carolingiennes, qui dormaient entre ces murs et l'église voisine de Saint-Maurice ? Avant le XIIe siècle, le château était lui aussi une chapelle ou une église.

Les tombes mérovingiennes contenaient des bijoux et des armures. Autour du chevet de l'ancien édifice étaient les fœtus et les enfants morts. Le ruissellement des eaux de pluie, saintes parce qu'elles avaient touché le toit, devait leur éviter les limbes.

Des visiteurs passant dans la cour de l'édifice projettent leur ombre sur le sol. Comme souvent, ces jeux de lumière me font croire à des visions. Mais n'est-ce pas là le langage des spectres ? Leurs matériaux sont la brise et la silhouette, qu'ils décalquent à l'infini. Ils prennent parfois la nôtre. D'ailleurs, quand je remonte dans la cour, je trouve les visiteurs bien éloignés. Comment auraient-ils pu produire ces reflets ? Des recherches thermiques révèlent encore des taches sombres par endroits sur l'édifice, signe qu'il reste des caves à découvrir, et des souterrains ; peut-être des morts qui ne reposent pas en paix, et nous invectivent de leurs chaînes remuantes.

LE PAYS DES CARNUTES

Les forêts franciliennes sont de vrais sanctuaires : autrefois chasses royales, elles étaient toutes impénétrables. On dit que les druides, fâchés que Notre-Dame de Paris fût construite sur le temple de Jupiter, se réfugièrent en forêt de Meudon, alors entrée de l'immense forêt des Carnutes, qui courait jusqu'à Chartres. Aujourd'hui, des prêtresses continuent de hanter Fausses-Reposes et Rambouillet.

Les forêts de Meudon et de Fausses-Reposes

Sur l'une des sept collines de Meudon, par-delà la route des Treize-Ponts, au pied du chêne doyen de la forêt, demeure la «dame rose». Cierge à la main, elle paraît à la fin du jour et rejoint la Pierre-aux-Moines, un menhir dans les bois de Clamart, près de l'étang de la Garenne, à gauche de la route de la Font-aux-Lynx en venant de Meudon. Un monastère se dressait près de cette Pierre-aux-Moines. La dame rose vient y réconforter l'âme d'un meunier, mort il y a des siècles dans l'effondrement de son moulin.

Par l'après-midi brumeux d'un 1er janvier, je décide de rejoindre la **forêt de Meudon**. Depuis cette ville, suivant le Pavé de Meudon jusqu'à son Étoile, j'arrive au sommet d'une colline, au pied de la tour hertzienne. La route forestière des Treize-Ponts, que je dois prendre, débute face au portail d'entrée de la tour. C'est une forêt : il n'y a donc pas d'horaires ; pourtant, tous les visiteurs que je croise font route inverse. Rebroussent-ils chemin ? Fuient-ils un spectacle effrayant ? La brume s'amplifie. Les groupes de promeneurs sortent de zones inconnues et rejoignent, presque somnambuliques, la tour hertzienne. Après huit cents mètres de marche, sur cette route forestière rectiligne, un panneau signale enfin la clairière du Chêne, à droite. Il faut prendre la passerelle de bois, et le voici, le vénérable **chêne des Missions**. Dans les années 1960, un culte celtique y était rapporté. Une fois par an, six jours après la pleine lune qui suivait le solstice d'hiver, les druides s'y rencontraient. Sous mes yeux, je découvre tout un ensemble de pierres en arc de cercle ; pourtant, seul le menhir est authentique. Il fut rapatrié des bois de Chaville au XIXe siècle. Il est près de seize heures. La nuit monte. Le menhir a tout l'air d'un moine en robe de bure. Sous sa cagoule, il chuchote. La question est de savoir s'il rejoint une procession ou s'il en fut exclu. Des traces montrent qu'il est toujours l'objet de vénération.

Le lendemain, je rejoins la **forêt de Fausses-Reposes**, qui s'étend du Chesnay jusqu'à Ville-d'Avray. Là-bas, les étangs familiers de Camille Corot constituent une halte romantique ; mais dans le voisinage de Parly 2, la Fosse-aux-Loups est, elle, le repaire d'animaux fabuleux. Cette forêt de Fausses-Reposes, comme celle de Meudon, était comprise autrefois dans l'impénétrable forêt de Rouvray, entre Ardennes et Carnutes. Les vingt-deux mille Gaulois du golfe d'Azov, les Kymris, «vaillants» fondateurs de *Lutetia Parisirium* un siècle avant Jésus-Christ, y auraient trouvé refuge le temps de défricher ; mais le défrichage fut léger, et les Romains craignirent longtemps la ceinture de Lutèce. Les druides l'avaient semée d'herbe d'or, ou d'égarement. Sous Charlemagne, Le Chesnay devint un village de bûcherons. Avec les chasses de Louis XIV, la forêt prit pour nom Fausses-Reposes – évoquant le repos fatal octroyé aux animaux, le temps d'une halte dans un repli.

Dans le silence du crépuscule, des cerfs cachés depuis des siècles peuvent sortir. Des chablis – ces racines renversées – sont les sabots perdus d'Érymanthe. Le sanglier mythique, capturé par Hercule, m'apparaît partout. Dans les contes, un cerf ou un sanglier blanc est toujours l'appât qui entraîne vers le monde féerique : le chevalier poursuit l'animal et, peu à peu, sans s'en apercevoir, passe les portes de l'irréel...

Tout au bout de la route forestière du Pré-Vert, avant les Fonds-Maréchaux, me voici dans la partie la plus douteuse de Fausses-Reposes, la **Fosse-aux-Loups**, petite gorge où des ruisseaux s'engouffrent dans une « mare au diable ». Fausses-Reposes est hantée par la Bête Farrigaude : loup gigantesque à tête de lion cornu. D'ailleurs, la partie voisine de la Fosse-aux-Loups, entre Rocquencourt et Louveciennes, s'est longtemps appelée « bois des Spectres » ou « des Loups-Garous ». Le sol craque. Soudain une porte semble luire, dans la terre même. C'est la mare que je cherchais, camouflée dans un taillis. Ce trou d'eau n'est indiqué sur aucune carte, n'a pas de nom puisqu'il n'a pas la majesté des étangs de Corot, mais sa solitude et son accès compliqué lui donnent plus d'énigme. En cette saison, il est drapé de givre, et cache les crimes de la Bête Farrigaude.

D'importantes coupes d'arbres ont parfois lieu dans la Fosse-aux-Loups. Après ces coupes, de nouveaux fleuves d'ombres et ruisseaux de lumières jaillissent çà et là, comme après la fonte d'un glacier. J'ai longtemps cherché le sentier que j'aimais le plus. Puis, un soir, un rayon de soleil émanant de l'ouest – venu du *Sid*, le territoire des fées – vint frapper un pauvre layon, jonché de brindilles et de sciures. Un petit ruisseau d'or, qui mène au gros chêne dolent. Le trouverez-vous ?

« Là, il faut se perdre sur les sentiers, marcher entre les sillons et les buttes comme sur le front d'un géant. »

Sortons de ce taillis ; passons le ruisselet. Quelques pas plus loin, une rude montée s'engage à droite, vers deux chênes massifs, lourds comme les piliers d'un porche. Je passe entre eux, ne sachant quel signe de croix ou d'appartenance il convient de faire ici.

Là, il faut se perdre sur les sentiers, marcher entre les sillons et les buttes comme sur le front d'un géant. Les chouettes se réveillent. L'une, s'élevant d'un arbre, pique vers moi avant de reprendre son envol. Le ciel est clair ; la lune, comme une grande obole, plaque ses reflets de cendre arrêtés par l'ombre des troncs, noirs comme des ruisselets d'enfers.

Il me semble devenir l'une de ces Vellédas et semer l'herbe d'or. Autrefois, la protection des forêts était telle que les lois saliques ordonnaient de couper le poing à qui écorchait un arbre – s'il l'abattait, sa vie était perdue. Les fantômes de ces défricheurs nourrissent-ils parfois les loups-garous ? Le nom même de l'Île-de-France renverrait au médiéval *Isle*, soit l'endroit « à l'écart » – quant à l'étymon de « forêt », *foris*, il signifie « en dehors, bannir » : quelles âmes en peine, quels brigands rôdent encore dans les massifs d'Île-de-France ?

Chêne des Missions

Accès — *À Meudon, à 2 km à pied de la gare RER Chaville-Vélizy. Depuis Vélizy, accès par la route forestière des Fonds-de-la-Chapelle. Bus 31, arrêt Doumer-Lafontaine à 700 m. Une passerelle en bois sur la droite mène à l'ensemble des menhirs. La forêt de Fausses-Reposes est accessible au Chesnay-Rocquencourt, à 2 km des gares de La Celle-Saint-Cloud ou de Versailles-Rive-Droite.*

La forêt de Rambouillet

La forêt de Rambouillet est sous la protection du dieu Cernunnos. Le roi des dieux gaulois – celui aux bois de cerf, maître du règne animal et du cycle des saisons – avait son repaire dans ce qui est devenu l'**abbaye des Vaux-de-Cernay** – son nom en est la preuve. La fontaine de l'abbaye, miraculeuse au moins depuis le XIIIe siècle, grâce à l'abbé saint Thibault de Marly, l'est peut-être aussi par la volonté de Cernunnos. Au début du XIIIe siècle donc, Marguerite de Provence, épouse de Saint Louis, souffrait, dit-on, de stérilité ; une fois l'eau de cette fontaine consommée – sur les conseils de Thibault de Marly –, elle donna naissance à onze enfants. Si les bâtiments de l'abbaye ont été transformés en hôtel de luxe, vous pourrez toujours honorer la fontaine dans le parc. À côté, les ruines de l'église portent une rosace hypnotique.

Chasse royale de prédilection, Rambouillet est aussi peuplée de lièvres géants. Leur particularité est d'avoir deux corps, donc huit pattes et deux paires d'oreilles. Ainsi, lorsque le premier corps faiblit, le lièvre se retourne et court avec le second. Ces lièvres géants doivent connaître le lieu le plus redoutable de cette forêt : le dolmen de la Pierre-Ardoue.

Aux abords de la D 936, depuis le chemin des Buttes-Rouges, je marche vers une clairière où l'on m'a indiqué le plus grand mégalithe d'Île-de-France. Pour le trouver sans peine, je me confie

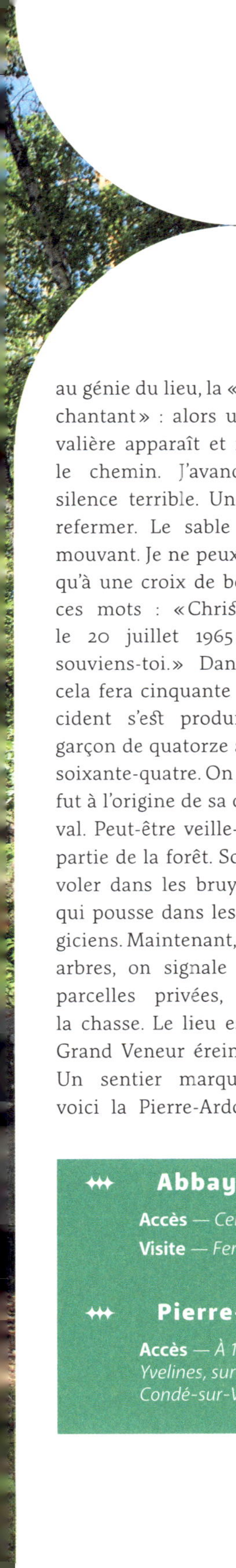

> *Rambouillet est aussi peuplée de lièvres géants. Leur particularité est d'avoir deux corps, donc huit pattes et deux paires d'oreilles. Ainsi, lorsque le premier corps faiblit, le lièvre se retourne et court avec le second.*

au génie du lieu, la « belle au bois chantant » : alors une jeune cavalière apparaît et me confirme le chemin. J'avance dans un silence terrible. Un piège va se refermer. Le sable est presque mouvant. Je ne peux m'accrocher qu'à une croix de bois qui porte ces mots : « Christian Bayelle, le 20 juillet 1965 – Cavalier, souviens-toi. » Dans dix jours, cela fera cinquante ans que l'accident s'est produit. Le jeune garçon de quatorze ans en aurait soixante-quatre. On ignore ce qui fut à l'origine de sa chute de cheval. Peut-être veille-t-il sur cette partie de la forêt. Son esprit doit voler dans les bruyères, la fleur qui pousse dans les pas des magiciens. Maintenant, sur quelques arbres, on signale le début de parcelles privées, réservées à la chasse. Le lieu est hostile. Le Grand Veneur éreinte sa meute. Un sentier marqué GR 1, et voici la Pierre-Ardoue, vis-à-vis d'un chêne, le seul des environs ; autour, il n'y a que des pins vrillés dont la cime tord d'ordinaire le front des Rocheuses.

La pierre viendrait d'une carrière éloignée : la déplacer fut si ardu que l'effort en inscrit le nom. Il y a trois mille ans, elle marquait la frontière entre les tribus gauloises Parisii, au nord de Paris, et Carnutes, au sud. Mais certains la voient comme table sacrificielle, vouée à Teutatès, dieu gaulois de la Guerre, qui jugeait les morts d'après le sang versé.

Une dame blanche hante les lieux. Nous sommes au Moyen Âge et suivons un paysan nommé Thibault. Il porte un sac de blé si lourd qu'il va défaillir. Devant un vieux monastère, près de la Pierre-Ardoue, il aperçoit une jeune femme vêtue de blanc. La femme s'approche de lui, comme en lévitation. Elle prend son sac, le vide et le lui rend. Puis elle demande au paysan de la suivre. Les portes d'un monastère s'ouvrent sur un grand couloir, au bout duquel luit un fabuleux trésor. La dame prévient Thibault : il sortira d'ici le sac rempli d'or, mais il ne doit, pour cela, jamais se retourner. Le paysan s'exécute, quand l'une des portes claque derrière lui.

Paniqué, il omet la consigne, et se retrouve aussitôt dans les bois, au lieu même de la rencontre, devant la Pierre-Ardoue. La dame blanche est là, qui ramasse le blé, remet le sac sur son épaule, et disparaît dans la nuée. Thibault meurt peu de temps après. En 1835, les fouilles menées près de l'église voisine, à Saint-Léger-en-Yvelines, mettent au jour une grande salle surmontée de tuiles anciennes ; à l'intérieur luisaient des pièces de monnaie de l'époque de Charles X et quelques débris de poteries gallo-romaines. Depuis cette découverte, la dame de la Pierre-Ardoue se montre-t-elle encore ?

Abbaye des Vaux-de-Cernay

Accès — *Cernay-la-Ville, à 10 km de Rambouillet.*
Visite — *Fermée pour travaux jusqu'au printemps 2023.*

Pierre-Ardoue

Accès — *À 15 km de Rambouillet et à 5 km des étangs de Hollande. Le dolmen est situé près de Saint-Léger-en-Yvelines, sur le parcours du GR 1. Accès du parking des Bornes du Planet, depuis la D 936 reliant Saint-Léger à Condé-sur-Vesgre, ou chemin des Buttes-Rouges. (Merci à Annelise Leroy pour l'explication de la croix.)*

FAUX-SEMBLANTS

Les nuages et les rochers ont des similitudes, parfois des paréidolies (semblants de visages ou de formes humaines ou animales), mais n'est-ce pas le propre des génies des lieux (sylphes, fées...) que de s'amuser avec la brise, de s'exprimer avec le tronc des arbres ? Parfois, ils ont le coup de pouce d'un abbé de Haute-Folie.

Prise de têtes

Il y a des rochers qui ressemblent à des visages. Par exemple, le rocher Corneille du Puy-en-Velay (p. 190) imite Henri IV. D'autres prennent la posture des bêtes : le sanglier du mont Taennchel (p. 24) et les étranges rochers de Fontainebleau poussent-ils des cris la nuit ? En Bourbonnais, les fayards de l'allée des Géants (p. 178) sont-ils métamorphosés par leur volonté ou victimes d'un sort ? En Corse, les animaux pétrifiés sont les vrais maîtres de l'île, surtout le Lion de Roccapina. Les calanques de Piana forment la Tête de chien. Dans les îles Lavezzi, un éléphant vous attend. Toujours en Corse, à Galfino, dans le golfe de Calvi, un dauphin de pierre vous indique le palais des veaux marins.

Palais de cristal

Les grottes sont des lieux très appréciés des fées, quand elles ne deviennent pas leur tombeau comme celle de Ferrières-sur-Sichon (p. 178). La Bauma de las Doumaisellas à Saint-Bauzille-de-Putois (Languedoc), avec ses stalagmites et stalactites en sphinx et chou-fleur, palmier et sorcière, en tient captives quelques-unes, sous le regard d'un berger lui-même pétrifié. Dans les Pyrénées, le Béarn est le pays des grottes. Bien sûr, il y a Lourdes, mais aussi celles de Bétharram. Dans ces palais de stalactites, trouverez-vous la Cloche géante ? La Mosquée ? Le Château fort ? Le Bassin des naïades et la Momie, qui pleure, dit-on, un amour de jeunesse ? En dernier recours, demandez conseil à la vouivre des grottes des

Moidons (p. 167), dans le Jura. Sinon, la grotte de Lombrives abrite le tombeau de l'amante d'Hercule, Pyréné ; Hercule, fou de chagrin, nomma ainsi les montagnes alentour. À Mialet (à 50 km de Nîmes), la grotte de Trabuc héberge cent mille soldats dans un lac souterrain – ils semblent entourer la Grande Muraille de Chine.

Merveilles sculptées

Certaines œuvres accomplies par des humains n'en restent pas moins mystérieuses. Les gravures dans le cairn de Gavrinis (golfe du Morbihan), le cheval sculpté sous le château de Commarque (p. 206) et la tête de félin du Roc la Tour (forêt d'Ardenne) semblent être là de toute éternité. Près du « cuveau des Fées » (vallon Saint-Martin, dans les Vosges), voici la fontaine du Bœuf, source ornée de cornes au moins depuis l'Antiquité. Beaucoup plus récents mais non moins hiératiques sont les rochers sculptés de Rothéneuf, à Saint-Malo, œuvres de l'abbé de Haute-Folie. Fouéré, de son vrai nom, naît en 1839, aux portes de Brocéliande, où il passe de longues heures méditatives. À cinquante-quatre ans, une attaque cérébrale le condamne au mutisme. Il consacre ses dernières années à buriner le granit d'une plage de Saint-Malo. Il n'a jamais donné de précisions sur son œuvre. Pour les plus avertis, cette fresque de près de trois cents visages conte la vie malheureuse des Rothéneuf. Famille de pirates sous François Ier, les Rothéneuf réussirent à imposer la paix dans la région. Mais leurs descendants furent maudits. Les crimes qu'ils pratiquaient, dans les terres et sur leurs bateaux, réveillèrent les monstres marins. Le dernier Rothéneuf fut mangé par l'un d'eux.

Les Deux Amants

Normandie

Au XIIe siècle, Raoul de Bonnemare tombe amoureux de Mathilde de Canteloup, fille de Robert, seigneur d'Amfreville-sous-les-Monts. Ils avaient été élevés ensemble, après le départ de Robert en croisade et la mort de son épouse. À son retour, Robert consent à leur union mais, pour cela, lance à Raoul un défi terrible : «Vois, Raoul, ce pic escarpé; Mathilde sera ton épouse si tu peux la porter en courant depuis la base jusqu'au sommet.» C'était une côte raide, au confluent de la Seine et de l'Andelle. Raoul réussit l'épreuve, mais il tombe mort d'épuisement au sommet du col. «Mon père! s'écrie Mathilde, l'union que vous avez permise s'accomplit.» Alors, elle se jette de la colline enlacée au corps de Raoul et atterrit aux pieds de son père. Accablé, Robert fonde, au sommet de cette colline, le prieuré des Deux-Amants, et s'y retire. Les nonnes de l'abbaye de Fontaine-Guérard unissent les corps de Mathilde et Raoul dans un même tombeau du chœur de l'abbatiale. Ce tombeau disparaît sous la Révolution, mais le marronnier et le pin qui s'enlacent au-dessus restent une énigme de la nature. Les fantômes de Robert et Raoul se croisent parfois; le premier crie «Pénitence! Pénitence!» dans un parc de Radepont appelé Champ-Dolent; Raoul, lui, hante les bois de Canteloup et de Fontaine-Guérard.

LES NONES UNIRENT LES CORPS DE MATHILDE ET RAOUL DANS UN MÊME TOMBEAU, AU CHŒUR DE L'ABBATIALE.

La Manche
Baie de la Seine
La Hague
Cherbourg-en-Cotentin
Château des Ravalet
Valognes
La Haye
Abbaye de Blanchelande
D2
Lande de Lessay
N13
Bayeux
Jersey
Château de Pirou
Château de Gratot
Caen
N158
Coutances
A84
D7
Golfe de Saint-Malo
Abbaye de Hambye
N O R M
Granville
Villedieu-les-Poêles-Rouffigny
A84
Avranches
Mont-Saint-Michel
Saint-Malo
Domfront-en-Poiraie
D976
Château de Carrouges

A29
Forges-les-Eaux
PONT DE COQ
A29
La dame blanche
A28
Bellozanne
Pays de Bray
VALLÉE DE L'ANDELLE
Le Havre
la Seine
La Feuillie
HÊTRE DU
CAPITAINE-VÉRON
Rouen
l'Andelle
D31
Forêt de Lyons
La Faute-d'Argent
A13
Cabourg
CHÂTEAU DE
BONNEMARE
Abbaye de
Fontaine-Guérard
Abbaye de Mortemer
Les
deux
amants
Château-Gaillard
Lisieux
D613
Orbec
Évreux
A13
la Sein
A N D I E
A28
N12
A88
D908
SIGNAL
D'ÉCOUVES
MASSIF D'ÉCOUVES
Alençon

LA VALLÉE DE L'ANDELLE

Au pays des Quatre Rivières, suivons la plus agitée, d'un pont diabolique à la Fontaine-qui-Guérit. Une journée dans l'abbaye la plus hantée de France, et retour dans la forêt-cathédrale, où le plus sûr moyen de transport est un carrosse fantôme. Près des falaises de la Seine, il est des mystères qu'on étrangle toujours.

Le pays de Bray

Le hameau de **Bellozanne**, sur la commune de Brémontier-Merval, est un vrai paysage des frères Grimm. J'y arrive un soir d'été. Les nuages suivent la courbe des champs. La cloche de sept heures sonne l'angélus depuis une colline voisine, répercuté par tous les monts alentour : Sigy, Beauvoir, Bosc-Bordel... Comme on ne distingue pas d'où elle émet, elle pourrait sonner du fond d'une mare et lever un peuple de goules. Les forêts de sapins alentour sont comme des peignes jetés sur le paysage, entravant la route des sorciers. J'entre dans un bois, près du chemin des Bas-Routhieux, profitant du passage ouvert par un animal entre les barbelés. Les chauves-souris s'enfuient avec des bruits de dents qui claquent. Je remarque un renard endormi au pied d'un bouleau... Je marche doucement... L'histoire du roi des papillons, que l'on me contait enfant dans ce pays, me revient en mémoire : un renard se promène en lisière de forêt et croise un papillon. « Je suis le roi des papillons ! — Eh, prouvez-le ! », dit le renard ; et, d'un battement d'ailes, le papillon appelle tous ses congénères, qui recouvrent bientôt les cieux, plongeant le pays de Bray dans l'obscurité la plus complète, çà et là percée de couleurs vives comme tombées d'un vitrail. Le renard est conquis.

J'arrive à l'extrémité du bois. Un portail m'empêche d'aller plus loin. La négligence l'a fermé d'un cadenas de ronces. Ce portail mène-t-il vers l'**abbaye de Bellozanne** ? Aujourd'hui, il ne reste plus rien de cette abbaye, sinon une jolie **chapelle Sainte-Marguerite**, ouverte en de rares occasions, et un portail. Autrefois, la reine Blanche d'Évreux, veuve de Philippe VI, honorait l'abbaye de Bellozanne de séjours réguliers. Jusqu'au XIXe siècle, le saule de la reine Blanche situait son embarcadère. Dans une petite barque, elle rejoignait Forges-les-Eaux par un canal ponctué d'étangs.

Le fantôme de la reine Blanche revient, dit-on, chercher sa halte favorite. Son canal fut peu à peu asséché et couvert de pâturages ; mais une barque y glisse parfois, retraçant l'ancien chemin de la dame blanche à travers la forêt de Bray.

Normandie → Vallée de l'Andelle

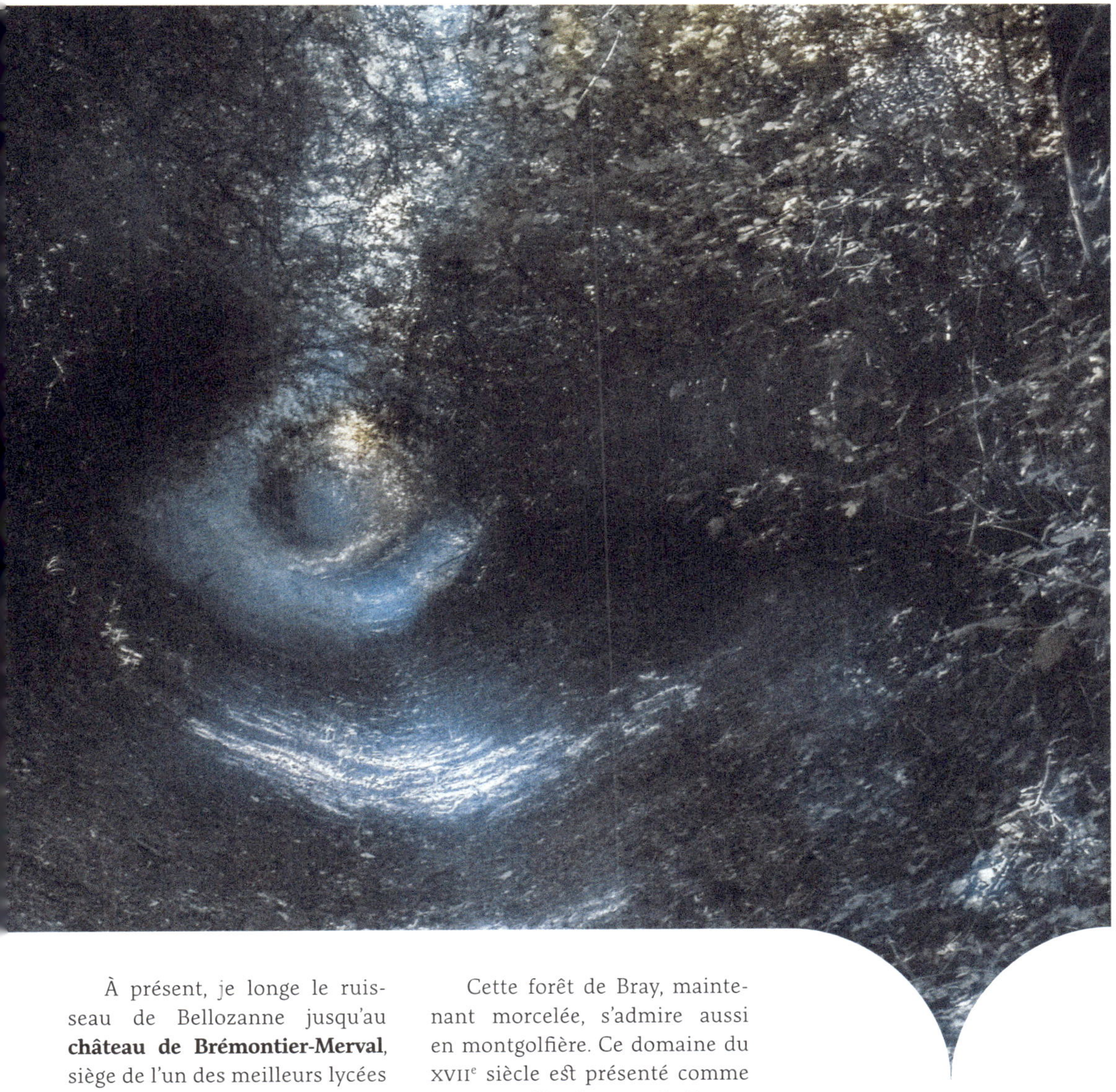

À présent, je longe le ruisseau de Bellozanne jusqu'au **château de Brémontier-Merval**, siège de l'un des meilleurs lycées agricoles de France. Les Gaulois forgeaient le fer dans ces rivières. Le Bray a signifié tantôt la « boue », tantôt le « bouillonnement ». Moins connues que celles du Bourbonnais, ses eaux thermales ont pourtant favorisé la naissance de Louis XIV : Anne d'Autriche, stérile, disait-on, et Louis XIII étaient venus à Forges-les-Eaux en 1633.

Cette forêt de Bray, maintenant morcelée, s'admire aussi en montgolfière. Ce domaine du XVIIe siècle est présenté comme la « merveille du pays de Bray ». Vous pouvez librement visiter le parc vallonné et le verger conservatoire. Mille tableaux attendent leurs peintres. Vous aurez vue sur la chapelle Sainte-Marguerite, au bas de la colline, et pourrez guider le soir le bateau de la reine Blanche.

« *J'entre dans un bois, profitant du passage ouvert par un animal entre les barbelés. Les chauves-souris s'enfuient avec des bruits de dents qui claquent...* »

De la terrasse du château, on comprend ce qu'est la boutonnière de Bray : un ancien bombement calcaire que le ruissellement des eaux a creusé de vallons. Cette boutonnière, longue de soixante kilomètres et large de quinze, est marquée par des buttes, autrefois châteaux forts âprement disputés par les rois de France et les ducs de Normandie. Le plus robuste était celui de La Ferté-Saint-Samson, proche du Mont-aux-Fourches, où étaient pendus les criminels – les loups et les vagabonds s'arrachaient leurs cadavres, au milieu des pommiers sauvages.

Si la forêt de Bray garde ses parcelles privées, il y a, aux abords de Forges-les-Eaux, de magnifiques paysages, le long de la D 915 (axe Paris/Dieppe), proches de l'Avenue Verte London-Paris. La D 41, route de Mésangueville, vous en offre aussi la traversée, entre Argueil et Saumont-la-Poterie. Elle vous mènera jusqu'au **pont de Coq**, petit ouvrage de pierre d'une seule arche jeté sur l'Epte. J'y arrive un soir d'été, et ressens quelques picotements contre mes jambes. Les insectes, dans ce coin du pays de Bray, auraient-ils un comportement agressif ?

Si le pays de Bray est considéré comme le château d'eau de la Normandie, le pont de Coq est son monarque. Dans un rayon de quinze kilomètres autour de lui, d'innombrables sources défilent en rivières, dont l'Epte, l'Andelle, la Béthune, le Thérain ; des ruisseaux les escortent, aux noms de Clair-Ruissel, Mésangueville et Longue-Traîne. Les Pâles de la Nuit hantent leurs rives. Ces lavandières demandent de l'aide pour essorer leur linge. Il faut veiller à le tordre dans le même sens qu'elles, sinon cela vous broie les os. Du XIIIe siècle à la première moitié du XVIIIe, l'axe où fut construit ce pont permettait de relier Paris à Dieppe. Le pont de Coq fut bâti autour de 1620. Il y en avait treize comme lui, peu à peu démolis par les chemins de fer et le poids des carrosses.

« *Les Pâles de la Nuit hantent les rives. Ces lavandières demandent de l'aide pour essorer leur linge…* »

Malgré son air reposant, le pont de Coq porte une sinistre signature. Un habitant du pays de Bray voulait construire un pont, mais désespérait de dégarnir sa bourse. Le diable lui apparut. En échange de construire le pont en une seule nuit, il exigea qu'on lui donnât l'âme de son premier passant. Soit. Dès que les ouvriers du diable firent claquer leurs instruments, le pauvre habitant comprit quelle malédiction s'attachait à ces pierres. C'était déjà l'aurore ; le coq chanta. Le diable et sa main-d'œuvre achevèrent en grande pompe leur entreprise. Le Brayon courut vers le poulailler, saisit le chanteur, le jetta sur le pont et dit : « Satan, voilà ta récompense ! » Ce dernier, furieux, accepta d'emporter le coq... La France compte quatre-vingt-huit ponts construits par le diable. En Normandie, en plus du pont de Coq, il possède celui de Mortain, près de Saint-Hilaire-du-Harcouët. En revanche, il a délaissé le pont de l'Arche, qui s'écroula dans la Seine avant d'être reconstruit.

Les picotements cessent lorsque je m'éloigne du pont. Je me demande si le pays de Bray a quelque lien avec le brait, cri d'amour éternellement poussé par Merlin enfermé dans la prison de Viviane. On peut rapprocher ses cris désespérés de ceux des fées Mélusine et d'Argouges (p. 128).

> Il faut veiller à ne pas tomber dans un « gallipiège » tendu par les goubelins. Ces esprits farceurs prennent souvent l'apparence des chats
>
> en Normandie. »

Par son aspect vallonné, le pays de Bray (Neufchâtel-en-Bray, Forges-les-Eaux, Gournay-en-Bray, etc.) offre des points de vue notables, surtout depuis la colline de La Ferté-Saint-Samson et de Beauvoir-en-Lyons.

Château de Brémontiers

Accès — *À 14 km de Forges-les-Eaux.*

Visite — *Ne se visite pas (lycée agricole). Point de vente de produits fermiers (tte l'année sur r.-v. et ven. 10h30-12h30 et 13h30-18h). 02 32 89 96 67, www.lyceedupaysdebray.fr/lycee*

Le pays de Bray en montgolfière — *Airshow, Haudivilliers (à 45 km de Gournay-en-Bray). 01 53 24 95 47, www.airshow.fr*

La forêt de Lyons

Après le mont de Beauvoir – autre excellent point de vue sur la boutonnière de Bray – commence la forêt de Lyons. C'est une hêtraie-cathédrale. De grands fûts s'étirent, prennent l'aspect de dames vertes l'été, rouges l'automne. La mousse est une vapeur. Ces forêts émeraude sont du métal en fusion. Il faut veiller à ne pas tomber dans un « gallipiège » tendu par les goubelins. Ces esprits farceurs prennent souvent l'apparence des chats en Normandie. Ils savent l'emplacement des

trésors, en particulier celui des Templiers qu'une légende situe au château de Gisors.

Au hameau des Feuillées, entre Beauvoir et La Feuillie, je descends par la route forestière de la Vierge-Marie, jusqu'au **hêtre du Capitaine-Véron**. Ce hêtre est à mes yeux le roi de la forêt de Lyons. Je présume que ce chemin de la Vierge fut un lieu d'apparitions féeriques, comme souvent les « chênes de la Vierge » ont remplacé les « chênes de la Fée » sous la férule mérovingienne.

Un autre indice nous renseigne sur le caractère surnaturel de ces bois : Lyons est considérée comme la plus belle hêtraie d'Europe, or le hêtre est l'arbre des fées – l'une de ses savantes appellations, *fayard*, n'a-t-elle pas la même racine que le mot *fay* ? Un recueillement prend le cœur dans ces vallées de hêtres. Soudain, des mouches survolent un cadavre de mouton noirci. À côté, des ornières curieuses ne sont pas celles d'un tracteur, mais bien celles d'un carrosse, peut-être celui de la jeune châtelaine qui s'était noyée une nuit de Noël, au lieu-dit Bain-aux-Dames, près de Rosay-sur-Lieure. Chaque nuit de la Nativité voit son carrosse sortir des flots. La jeune fille dort en paix, à l'intérieur. Le carrosse se rue entre les arbres de la forêt durant toute la messe de minuit. D'autres fantômes peuplent cette forêt de Lyons. Depuis les Mérovingiens, elle résonne des chasses royales. Lyons est la forêt du premier Arlequin : messire Hallequin, qui frappait les marcheurs audacieux. Le roi Charles IX lui-même affirma y avoir rencontré un « spectre flamboyant de la hauteur d'une lance ». Était-ce une ruse du Sanglier Blanc, qui terrorisait les environs sous Richard sans Peur ? Richard voulut tuer l'animal, mais des milliers d'esprits, sortis de nulle part, l'en dissuadèrent. Cette légende est rapportée par Robert Wace, poète à la cour d'Aliénor d'Aquitaine, qui rendit Brocéliande célèbre.

Offusqués de l'éclat qui les voile, les fantômes se laissent approcher quand tout est sombre en nous ; quand le moindre faisceau qu'ils émettent nous transcende et les réchauffe. Les nuits d'été, si vous êtes un peu mélancolique, ils vous donnent rendez-vous entre les piliers de cette forêt-cathédrale. L'hiver, la châtelaine de Rosay-sur-Lieure vous ouvrira son carrosse et vous passerez à l'éternité.

On ressort de la route de la Vierge du côté de La Feuillie, où s'élève le plus haut clocher ardoisé de France. Après Lyons-la-Forêt, une descente s'amorce vers le hameau du Fouillebroc et la célèbre abbaye de Mortemer, réputée lieu le plus hanté de France.

LA PIERRE-QUI-TOURNE

Si vous vous rendez au hameau de la Faute-d'Argent, entre Bézancourt et Bézu-la-Forêt, d'autres créatures pourraient vous apparaître. Au cœur de la forêt, vous trouverez la Pierre-qui-Tourne. Son instabilité provoquait les oracles. Haut de plus de trois mètres, ce roc en poudingue fut renversé par un garde forestier après qu'en 1842 des vases, des boucles, des torques y avaient été découverts. Le garde devait connaître la légende selon laquelle un trésor plus volumineux apparaissait tous les cent ans lorsque la pierre avait fait un tour sur elle-même. Essayant de la soulever, il fut tué sur le coup.

L'abbaye de Mortemer

L'abbaye de Mortemer est déposée au fond de sa vallée du Fouillebroc comme un buisson votif. Ne dit-on pas que sa fontaine Sainte-Catherine permet aux jeunes filles de trouver l'âme sœur ? En 1134, elle est la première abbaye cistercienne que fonde Henri Ier Beauclerc en Normandie. Au XVe siècle, elle atteint son apogée. Ses près de deux cents moines tirent une folle richesse de métairies et d'hospices qu'ils possèdent jusqu'à Rouen. De quoi compromettre les rudesses de la vie monastique.

Mortemer est un endroit où je suis si souvent allé qu'il m'est difficile d'en dresser un portrait pur, d'autant que le fameux musée des Légendes et Fantômes doit se moderniser d'ici peu. Je vanterai surtout le calme de ses deux étangs, et celui des ruines de l'**église**, avec le mur du chœur percé d'un oculus, comme une divinité borgne nous accable de sa grandeur. Des fêtes costumées sont organisées l'été. Perdez-vous dans ces ruines, vous rêverez de Mathilde, la dame blanche. Elle n'est pas, comme on le dit souvent, morte adolescente enfermée par son père, Henri Ier, dans la chambre rose ; mais à l'âge d'une douairière et chez les moines du Bec-Hellouin (à 60 km de Mortemer). Une chose est sûre, cependant : elle revient les nuits de pleine lune. Sous la forme d'une dame blanche, elle hante les lieux, en qualité de bienfaitrice, poursuivant l'œuvre de son père. De son vivant, Mathilde fut déjà une dame blanche. La première fois qu'elle prit les traits d'un fantôme, c'était en 1136, pour échapper au siège d'Oxford. La traversée de la Tamise, alors gelée, donnait aux reflets de ses vêtements une allure mariale ; les sentinelles crurent à une apparition, baissèrent leurs armes, et Mathilde rejoignit sans peine son château de Wallingford. Cinq ans plus tard, Mathilde se déguisa de nouveau en dame blanche, pour fuir Winchester : le comte de Gloucester ayant déjà été capturé, Mathilde demanda à ses écuyers de la mettre en bière. Quatre de ses compagnons la portèrent, cercueil ouvert, au milieu des troupes adverses, qui, par respect, s'inclinèrent. La mère de Mathilde, Mathilde d'Écosse, n'a-t-elle pas réalisé elle-même quelques miracles sur sa tombe ? Mathilde est une emperesse qui n'a jamais trôné. D'abord mariée à l'âge de sept ans à l'empereur d'Allemagne Henri V, elle épousa ensuite le comte d'Anjou Geoffroy Plantagenêt. Le couple donna naissance à Henri II, roi d'Angleterre et père de Richard Cœur de Lion. Ayant enfanté l'un des « fils de la démone », Mathilde est l'alliée de Mélusine.

Enfant, il ne se passait pas une année sans que je ne demande à visiter l'**abbaye**. Depuis Bellozanne, c'était un pèlerinage : il fallait monter à Beauvoir, s'engouffrer dans la forêt, traverser les routes forestières, souvent rectilignes – leurs noms passaient comme des torches : « carrefour de l'Homme-Mort », « route de la Croix-Brûlée », « carrefour de la Mare-Enragée »... je me les récitais en chapelet, comme les termes d'une invocation. Je craignais autant que je désirais voir cette dame blanche, gantée de blanc ou de noir, peu importait. Je la voyais dans l'allongement des branches accru par la vitesse. Elle pouvait nous tendre un piège. Les fantômes, quand ils veulent nous arrêter, dressent des embûches sur nos chemins ; autrefois, ils cassaient les roues des calèches, enivraient les chevaux ; que font-ils à présent ?

« *Une chose est sûre, cependant :*
Mathilde revient les nuits de pleine lune.
Sous la forme d'une dame blanche,
elle hante les lieux, en qualité de
bienfaitrice [...] »

Dans mon souvenir, j'ai beau fixer les murs de l'abbaye, c'est à chaque fois les traits de Mathilde qui me hantent. Un aïeul, Jacques de Larocque Latour, l'avait représentée une chouette effraie posée sur l'épaule gauche. Ce portrait orne le musée des Légendes et Fantômes, derrière un confessionnal. Elle n'est pas éclairée tout d'abord ; une voix la présente. Si je me souviens de cette voix, elle annonce : « Mathilde, fille de toutes les séductions et de tous les sortilèges, Mathilde, femme et rêve à la fois dont on peut surprendre l'ombre près des étangs les nuits de pleine lune… » Le seul fait d'écrire cette phrase me renvoie à l'enfance merveilleuse, comme si elle en tenait la clé. Je ne peux garantir que Mathilde hante l'abbaye, mais elle est l'objet de ma quête ; peut-être par atavisme. Mon grand-oncle l'a rejointe il y a dix ans. Quand il me contait ses histoires, je voyais dans ses prunelles des combats invisibles, des forces redoutées. Que représentait Mathilde pour lui ? Et toutes les légendes qu'il a peintes ?

> *« Je ne peux garantir que Mathilde hante l'abbaye, mais elle est l'objet de ma quête. »*

Plus tard, je découvris Matelda, le personnage de *La Divine Comédie*, guidant le narrateur entre le Léthé, fleuve de l'Oubli, et l'Eunoé, celui de la Mémoire. À mes yeux, la dame blanche de l'abbaye de Mortemer est cette figure que l'on croise près des rives du Temps, « dame seulette qui s'en allait, chantant et cueillant des fleurs parmi les fleurs, qui émaillaient tout son chemin » (Dante, *La Divine Comédie* : Le Purgatoire, Chant XXVIII).

Lorsque avec peine je dissous les traits de Mathilde, d'autres brumes se reforment près de l'édifice, en procession. Elles quittent le **pigeonnier** et marchent vers le **cellier**. Elles sont quatre. Ce sont quatre moines en robe de bure. En 1790, Mortemer n'est habitée que par cinq moines. D'après la légende, quatre y sont massacrés par les révolutionnaires : leur sang se mêle au vin des tonneaux percés. En 1792, son commendataire, Thomas de Boisgelin de Kerdu, est tué à Paris, lors des massacres de Septembre. Son fantôme rejoint la cohorte des moines aperçue par les Britanniques lors de la Grande Guerre, quand l'abbaye servait de cantonnement. Allongés dans le cellier, ils affirment avoir vu des figures sombres, vêtues de coules, penchées sur eux.

Trente ans plus tard, un parachutiste anglais tombe, blessé, près de la source Sainte-Catherine, en lisière de la forêt de Lyons ; il dira s'être fait guider par un moine jusqu'à la ferme où l'attendaient ses compagnons résistants. Devant la porte, l'ange gardien s'est évanoui.

Mortemer compte un autre fantôme, plus hargneux, celui de Philippe de La Fontaine. Commendataire au XVIe siècle, il s'en désintéresse. Par deux fois, le parlement de Normandie exige de lui des réparations urgentes, dont il n'a cure. Le 16 juillet 1666, le Parlement proclame un troisième arrêt ; à sa lecture, La Fontaine meurt sur le coup. La dame qui le lui remit portait-elle des gants noirs ?

Je ne peux dire quelle impression peut laisser Mortemer à qui la visite pour la première fois. À mes yeux, je la tiens comme un sortilège, à la fois terrible et plein de charme. Si vous savez garder un secret, je vous donne son talisman, il est à douze kilomètres : c'est l'abbaye de Fontaine-Guérard.

Abbaye de Mortemer

Accès — *À 4 km de Lyons-la-Forêt.*

Visite — *Avr.-nov. : tlj. 11h-18h. Tarif 7 €. Visite guidée au choix du musée des Légendes et Fantômes ou des appartements meublés (avr.-août tlj. 13h30-18h ; tarif 4 €/pers.). 02 32 49 54 34, www.abbaye-de-mortemer.fr*

L'abbaye de Fontaine-Guérard

En suivant l'Andelle depuis la roselière de Normanville jusqu'à Radepont, j'arrive à l'abbaye Notre-Dame de Fontaine-Guérard. Un affluent de l'Andelle, la Fontaine-qui-Guérit, sourd à ses pieds. Je lève les yeux, porté par une soudaine euphorie. On dirait que les nuages sont des épanchements de la source. Ils suivent la découpe des arbres qui moutonnent sur les coteaux. Devant le marronnier et le pin qui s'enlacent, élevés sur la tombe des Deux Amants, je sens que tout porte un message à tout ; que la branche contre le toit frappe en rythme ; que la mésange qui ride l'eau donne l'âge des nymphes ; et que le papillon s'envole de la feuille qu'il anime. Cette ferveur doit venir de la localisation de Fontaine-Guérard : l'abbaye est bâtie sur un ancien site druidique.

Je me dirige vers la **salle capitulaire**, au milieu de l'édifice. On y accède par trois arcades que je prends, avec le soleil de midi, pour trois fées en robe blanche. Je suis frappé par les fines colonnes, comparées avec justesse à celles du Mont-Saint-Michel.

L'abbaye de Fontaine-Guérard est l'une des rares abbayes cisterciennes de France à avoir conservé presque intact depuis l'époque médiévale son bâtiment claustral, composé notamment de la salle capitulaire et du dortoir. Au plafond de la salle capitulaire, je surprends une chouette entourée de deux corbeaux. Le premier, Pensée, se colle à son oreille gauche ; il demande à l'oiseau d'Athéna de ne pas étouffer la Mémoire du lieu – le second corbeau –, que la chouette enserre à sa droite. Une vouivre est sculptée tout proche. Ces deux sculptures, presque en rébus, confirment la sacralité du lieu depuis la nuit des temps. Le sanctuaire à l'origine de l'abbaye se trouvait sur la voie gallo-romaine reliant Lutetia (Paris) à Rotomagus (Rouen) par la ville de Rithumagos (Radepont). Surtout, l'abbaye de Fontaine-Guérard est posée sur une confluence, lieu toujours sacré pour les Celtes. On raconte que Merlin lui-même aurait cueilli une branche de pommier sur une île sacrée de Fleury-sur-Andelle.

Alors que j'approche d'une résurgence de la Fontaine-qui-Guérit, à l'entrée du domaine, une dame y plonge ses bras : « Regardez comme ils sont doux à présent ! » Elle leur trouve la tendresse d'une peau de nourrisson. J'apprends que cette dame vient presque chaque jour quand l'abbaye est ouverte au public, surtout l'été. Sa mère, également grande fidèle des lieux, y fut témoin d'apparitions.

C'est en 1190 que Robert aux Blanches Mains – nom souvent associé aux fées – fonde un prieuré de moniales bénédictines. Devenue cistercienne en 1219, l'abbaye reste féminine. Ses protecteurs le sont également, comme l'infortunée Marie de Ferrières. Fuyant son mari impétueux, le seigneur d'Hacqueville, Marie prit le voile à Fontaine-Guérard en 1399 ; son époux envoya des hommes de main qui, au terme d'une terrible course-poursuite, l'égorgèrent dans le chœur de l'abbatiale, en pleine nuit, aux crachats des lanternes. En réparation, le seigneur d'Hacqueville fit construire une chapelle expiatoire.

Quelques visiteurs admettent sentir la présence de Marie de Ferrières. On dit qu'elle accepte certaines personnes, en rejette d'autres : on décrit des cailloux qui volent dans l'**ouvroir**, l'ancienne salle de travail des moniales, en direction des malchanceux. Le propriétaire de l'abbaye, Olivier Monpoint, dit ne s'être senti accepté dans cette pièce que tout récemment, sept ans après avoir acheté l'abbaye – et y vivre parfaitement heureux. Auparavant, une force surnaturelle, à chaque fois qu'il passait devant l'ouvroir, semblait le mettre à l'épreuve. Ainsi, l'ouvroir est la partie la plus hantée du domaine : le génie du lieu y sonde perpétuellement notre âme.

« Devant le marronnier et le pin qui s'enlacent, élevés sur la tombe des Deux Amants, je sens que tout porte un message à tout ; que la branche contre le toit frappe en rythme ; que la mésange qui ride l'eau donne l'âge des nymphes (...) »

Les ruines de l'église abbatiale, surtout près de la porte des morts – qui donnait accès au cimetière de l'abbaye –, me fascinent. De petits arbres poussent sur les murailles ; ils tremblent à la moindre brise. Les lieux portent toujours le traumatisme du meurtre de Marie de Ferrières : son **gisant** repose dans une chapelle latérale, veillé par deux chiens dévorant des os.

Quittant Fontaine-Guérard, je passe devant la **filature Levavasseur**, construite au XIXe siècle, en partie avec les pierres de l'abbaye (son propriétaire était le même). Est-ce en punition de ce sacrilège qu'une malédiction s'attache à la filature ? Elle brûla par deux fois et ne fut jamais reconstruite. C'est un spectre béant sur l'Andelle. Enfin, le **château de Bonnemare** se dresse sur l'autre versant de la vallée. Là, Raoul de Bonnemare tomba amoureux de Mathilde de Canteloup, quand celle-ci vint s'y réfugier après le départ de son père en croisade, puis la mort de sa mère. À son retour, Robert de Canteloup avait coutume de lancer des défis aux jeunes soupirants : certains devaient dormir, pour leur nuit de noces, à la cime d'un grand arbre ou dans les eaux froides de l'Andelle ; d'autres, plus chanceux, ne devaient que sauter par-dessus les bois d'un cerf. Sa demande la plus lourde fut pour Raoul, qui en mourut (p. 100).

Le château de Bonnemare porte les écussons d'autres amants, Charles VII et Agnès Sorel. Le bâtiment actuel fut construit au XVIe siècle sur le manoir ayant appartenu aux parents de Mathilde.

Abbaye de Fontaine-Guérard

Accès — *À 24 km de Rouen.*

Visite — *Tte l'année, horaires variables selon programmation, consulter le site Internet. L'été, expositions et animations costumées, comme La Nuit vénitienne. Tarif 6 €. 06 86 08 04 67, www.abbayefontaineguerard.fr*

Hébergement au château de Bonnemare

990, route de Bacqueville, à 3 km de l'abbaye de Fontaine-Guérard. Cinq chambres d'hôtes du XVIIe au XVIIIe s. et trois gîtes dans le parc. Tte l'année, organisation de chasses au trésor et de goûters d'anniversaire pour les enfants. 06 65 91 39 68, www.bonnemare.com

Château-Gaillard

L'Andelle rejoint la Seine avant d'atteindre Les Andelys, mais le nom de cette ville lui fait un dernier clin d'œil : *Andel* signifie toujours «eaux agitées». Le paysage près des Andelys est tout de falaises. Il plisse les yeux pour mieux me suivre ; parfois, il prend des jumelles : c'est la vigie de Château-Gaillard. Plus je m'en approche, plus je l'entends rugir. À ses pieds, les boucles de la Seine s'éloignent en accordéon, comme un serpent digère un taureau.

Du **Belvédère des peintres**, la colline face au château – où l'on se gare –, je distingue un éparpillement de ruines dentelées sur une montagne, vrai repaire de sabbats. Je descends dans la petite vallée avant de grimper vers les ruines. De la sorte, aucun signe ne m'attache à la vie moderne. J'escalade les pentes d'un volcan dont le donjon est le cratère. Un feu pourrait en jaillir, je n'en serais pas surpris. Parfois, les murs ont l'air de borgnes ou de géants en accolade. Ils jouent les Symplégades, ces falaises qui se choquent en continu, du côté du Bosphore, et gênent les marins. Château-Gaillard a de ces mêmes roches rébarbatives.

Il était la prison de Marguerite de Bourgogne. Femme de Louis X le Hutin, elle fut reconnue coupable d'adultère dans l'affaire parisienne de la tour de Nesle, en 1314, avec les deux autres belles-filles du roi Philippe le Bel : Blanche et Jeanne. Marguerite et Blanche furent envoyées dans les geôles de Château-Gaillard. Blanche en sortit vite, puis entra au couvent. Marguerite y demeura, oubliée. Pendant ce temps, à la cour, Philippe le Bel mourut dans des circonstances mystérieuses, attribuées à la malédiction des Templiers. Son fils Louis lui succéda ; Marguerite de Bourgogne était donc reine de France. Le Hutin ne supportait pas cette idée ; or le divorce exigeait un accord papal, et le nouveau pape tardait à se faire élire. Seule la mort de Marguerite pouvait faire basculer la situation… Louis X l'ordonna. La tâche ingrate aurait été confiée à Robert III d'Artois. Le 30 avril 1315, Marguerite de Bourgogne fut retrouvée morte dans son cachot de Château-Gaillard. L'hypothèse d'une strangulation est développée par Maurice Druon dans son roman *La Reine étranglée*, deuxième tome du cycle des *Rois maudits* ; d'autres savants jurent qu'elle mourut de froid. L'ombre blanche glissant parfois dans les ruines, qui murmure et semble étouffer, détient peut-être la clé de l'énigme.

Château-Gaillard

Accès — *Les Andelys, à 20 km de Vernon. Gare SNCF de Gaillon-Aubevoye à 13 km, puis bus 220 (trajet 1h).*

Visite — *Avr.-6 nov. : tlj. 10h-12h30 et 14h-18h. Tarif 3,50 €. 02 32 21 31 29, www.nouvelle-normandie-tourisme.com*

LE MASSIF D'ÉCOUVES

Un château où les douves reflètent des visages de nymphes en colère ; une cité hantée par des abeilles ; des portails de maisons exhibant des loups voraces... Bienvenue dans le massif d'Écouves, sommet de l'Armorique !

Le château de Carrouges

Le massif d'Écouves, qui entoure la ville d'Alençon, est le sommet de l'Armorique, ce massif du nord-ouest de la France. Le signal d'Écouves culmine à quatre cent treize mètres. Cette forêt était sur le passage de Gargantua pour atteindre le Mont-Saint-Michel. Sur la route entre Alençon et Carrouges, le portail d'une maison opulente exhibe deux statues de loups, rue des Potences. Mon séjour débute sous les meilleurs auspices.

J'arrive à **Carrouges** un soir au début du mois de mai. C'est la période de *Beltaine*, époque où les fées changent de colline. Il ne faut pas les surprendre, sous peine de mort. Le château est fermé, je rejoins l'**abbatiale** attenante. La brique provient des sols de la forêt d'Écouves. Je suis impressionné par le tombeau des Le Veneur. Alors que je passe près de lui, une mésange se pose sur la croix avant de s'engouffrer dans le mur de l'église. Des moineaux jouent dans le lilas. Les abeilles bourdonnent et les grillons chantent dans les marronniers. Les cirrus peignent les sapins. Je fais envoler les pissenlits. Quel paysage idyllique ! Pourtant, chaque arbre me paraît victime d'un sort.

Le lendemain, j'entre dans le château. Vers le VIe siècle, Ralph de Carrouges épousa Louise de La Motte-Fouquet. Ils étaient mariés depuis sept années quand Louise tomba enceinte d'un garçon. Une fête fut organisée au château, suivie d'une partie de chasse. Ralph rentra tard cette nuit-là : trop tard aux yeux de son épouse qui, le voyant partir en forêt dès le lendemain, décida de le suivre, armée d'un poignard. Là, au bord d'une source, elle aperçut son mari aux bras d'une nymphe. Une fois Ralph reparti, Louise tua sa rivale. Au même moment, au château, c'est le cadavre du comte qui fut découvert, poignard au fond du cœur. Peu après, Louise mourut en couches. Son fils, Karl, fut vite stigmatisé : une tache de sang marquait son front. Pendant sept générations, il en sera de même pour tous les seigneurs de Carrouges. Au XIXe siècle, les villageois témoignaient qu'une jeune comtesse, vêtue de noir, venait parfois pleurer près d'un hêtre de la forêt ; ils ajoutaient qu'une nymphe s'asseyait alors près de la fontaine. Sa tunique était rouge.

Carrouges signifie «carrefour»; les carrefours sont des lieux triviaux. On y enterrait les criminels pour qu'ils ne retrouvent pas leur chemin. Avant l'apparition des calvaires, les carrefours étaient voués à Hécate, déesse grecque aux trois têtes, protectrice des sorciers, des magiciens et des fantômes.

Cette histoire de nymphe et d'enfant maudit a-t-elle quelque lien avec l'affaire de la dame de Carrouges, qui donna lieu au dernier duel judiciaire de France? En 1386, Jehan IV de Carrouges, chevalier et chambellan du duc Pierre II d'Alençon, et bâtisseur du château, accuse le favori du duc, Jacques Le Gris, autrefois son ami, d'avoir violé son épouse, Marguerite de Thibouville, en son absence. Dans un premier temps, le duc d'Alençon conclut à l'innocence de Le Gris, mais Carrouges envoie sa requête à Paris. La vindicte populaire grandit et le roi ordonne un *judicium Dei*. Dieu tranchera! Si Carrouges remporte le duel, justice sera faite; si Le Gris gagne, la dame de Carrouges sera brûlée vive pour fausse accusation.

« *J'arrive à Carrouges un soir au début du mois de mai. C'est la période de* Beltaine, *époque où les fées changent de colline. Il ne faut pas les surprendre, sous peine de mort.* »

En ce 29 décembre 1386, Le Gris est tué, l'honneur de Carrouges est sauf. Les historiens s'interrogent encore sur ce crime, et surtout, sur son auteur. Il semble malheureusement certain que Marguerite de Thibouville ait été violée puisqu'un fils est né du crime, Robert de Carrouges. Mais un autre homme, criminel par ailleurs, se déclara, quelque temps après, sous la torture, coupable du viol de la dame de Carrouges. Cette dernière prit le voile après la mort de son mari, durant la bataille de Nicopolis ; Robert de Carrouges, lui, périt à celle de Verneuil, en 1424. Sa fille hérita du château, qu'elle transmit par alliance aux Blosset ; au XVIe siècle, par alliance toujours, il passa dans la famille Le Veneur. Son dernier propriétaire, Tanneguy IX, fut contraint, par manque d'argent, de le vendre à l'État en 1936. Il mourut en 1948 sans descendance, comme son frère. Ainsi, les trois familles qui possédèrent le château sont aujourd'hui éteintes. Faut-il y voir un signe de la malédiction ?

Château de Carrouges

Accès — *Carrouges.*

Visite — *Mai-août : tlj. 10h-12h45 et 14h-18h ; sept.-avr. : tlj. 10h-12h30 et 14h-17h. Tarif 6 €. Parc en accès libre tlj 10h-18h (sept.-avr. jusqu'à 17h). 02 33 27 20 32, www.chateau-carrouges.fr*

La ferronnerie du **parc** eſt endiablée : grille d'honneur, grille du Midi… chaque pointe eſt brûlante. Les portails miment les arbres dans les lointains ; certains sont foudroyés : ils ont peut-être servi de portemanteaux à des enchanteurs. Des baluſtres en ocelles courent le long des douves : avec les jeux d'ombres, elles forment des centaines de cyclopes sur le sol. Des oies se dandinent près d'un escalier soudain éclairé d'or. Et qu'indique cette barque à ses pieds ? Eſt-elle un appel ? Les carpes, mutiques, sont les anguilles gardant le palais des nymphes. Face aux marais, j'évite de plonger mes yeux dans le canal : le visage d'une nymphe m'a paru, un inſtant, flotter entre les algues. Vient-elle, comme la sirène, observer les visiteurs ? Les nymphes ne peuvent mourir tant qu'elles n'ont légué leur pouvoir ; d'où le péril plein de charme d'une visite au château de Carrouges.

SAINT-CÉNERI-LE-GÉREI

Le village de Saint-Céneri-le-Gérei doit sa renommée à l'Italien Céneri qui fut envoyé par le pape au VIIe siècle, paraît-il suite à une apparition. Il vint avec son frère, Cénérède. Après leur mort, les Francs occupèrent une hauteur proche du monaſtère. Les pillages se multipliaient. Tandis qu'ils approchaient de l'église, un gigantesque essaim d'abeilles fondit sur les soldats. Tous sautèrent dans le vide, et tous moururent : les uns empalés sur les roches, les autres noyés dans la Sarthe. Leurs os furent longtemps charriés par la rivière. Aujourd'hui encore, une ruche d'abeilles eſt cachée dans le mur de l'église.

+LA LANDE DE LESSAY

Près de la rue des Morts, le plus antique château normand héberge des oies sauvages, ses anciens maîtres ayant oublié la formule pour redevenir humains. À douze kilomètres, la fée d'Argouges laisse l'empreinte de son pied sur le rebord d'une fenêtre. Dans le val de Sienne, une abbaye se livre, goutte à goutte, comme un cœur embaumé. Pour rallier ces vestiges, coupez par la « lande des sorciers »

Le château de Pirou

Zone de perdition, la lande de Lessay est un désert fantastique. Entre Coutances et La Haye-du-Puits, c'est une nappe où les miettes d'un sabbat forment des buissons de bouais-jau – les ajoncs d'or. Plus d'une fois, je manque de tomber dans une mare cachée par les roseaux. Ces mares et ces étangs sont les hublots derrière lesquels nous scrute le peuple des goubelins et des varous. Les jeteurs de sorts hantaient cette lande, vrai Sahara au XIXe siècle. Ancienne plaine de sable de mer, elle est maintenant morcelée, mais toujours fréquentée, dit-on, par des bergers qui surgissent de nulle part et demandent un morceau de pain pour leur troupeau – invisible.

De l'une de ces mares bouillantes, Pirou vient de relever la tête. Les murs du fort dégoulinent de sphaignes et de mousse. Après mon passage, je suis certain qu'il va replonger, en embuscade, dans son étang de lentilles. Je franchis les cinq portes fortifiées et suis l'allée de platanes aux branches tordues comme des constellations. Des pigeons, sur les toits, guettent chacun de mes mouvements. À l'intérieur du château, des grimoires luisent dans les béances. Un vieil escalier m'emporte au chemin de ronde. Je m'attends à croiser un tempestaire – sorcier qui dirige les orages dans ce coin de Normandie. J'aperçois la Manche. Un pays magique commence à Pirou, où tout souffle est caution, tout embrun collyre. Respirer quelques secondes sur ses remparts, c'est déjà lui faire allégeance. Les pigeons, de plus en plus nombreux sur les toits, roucoulent-ils son mot de passe ? Me disent-ils aussi que *pirotte* désigne une oie femelle en patois normand ?

En 909, les esnèques vikings mouillent au havre de Pirou. Le seigneur, Godefroy le Rouge, et sa cour se métamorphosent alors en oies sauvages grâce à une formule magique trouvée dans un grimoire. Sitôt la famille envolée, les Normands pénètrent dans le fort. Il est désert. Seules deux pauvres oies quittent les remparts. Enfin, les Normands trouvent un vieil homme. Il obtient la vie sauve à condition de raconter ce qu'il a vu : le seigneur de Pirou, sa famille, sa garnison, tous envolés, métamorphosés en oies sauvages pour leur échapper ! « Un grimoire détient la formule », soupire le vieillard, incapable de révéler sa cachette. Les Normands incendient alors l'édifice : le grimoire termine en cendres. Dans l'incapacité de délier le charme, les oies reviennent, dit-on, chaque printemps et repartent chaque automne. C'est cette triste légende que les pigeons se racontent, de génération en génération, sur les toits du château.

> *[...] Sache donc qu'il*
> *N'appartient qu'aux Morts, d'instruire les vivants,*
> *Puis qu'ils le font seuls sans intérêt ; et puis qu'ils*
> *Savent faire parler les Marbres, lorsqu'eux-mêmes*
> *Ne parlent plus. [...]*
> *Pense plus au ciel qu'à la terre.*
> *C'est tout ce que le Marbre avait à te dire.*

– Inscription de 1640 sur une tablette en marbre noir, chapelle Saint-Nicolas de Pirou.

Avant de quitter Pirou, je passe par la **rue des Morts**. Rares sont les villages en France qui ont conservé cette appellation. Les chemins ou routes des Morts étaient le passage emprunté par les convois funèbres, tirés par les chevaux et les bœufs. Ils reliaient les hameaux – disparus, pour la plupart – au cimetière de l'église. L'Ankou est familier de ces axes, qui étaient entourés de mille soins. Beaucoup de chemins des Morts ne sont aujourd'hui plus indiqués, recouverts par les champs ou des habitations.

En revanche, l'Ankou connaît bien leur situation et les emprunte toujours. Si vos portes claquent sans raison, peut-être habitez-vous sur le tracé d'un antique chemin des Morts. À Pirou, la rue des Morts s'ouvre à deux kilomètres du château et s'achève dans la lande de Lessay.

Château de Pirou

Accès — *À 19 km de Coutances.*
Visite — *Juil.-août : tlj. 10h-12h et 14h-18h ; horaires variables le reste de l'année, consulter le site Internet. Tarif 7 €. 02 33 46 34 71, www.chateau-pirou.fr*

ABBAYE DE BLANCHELANDE

L'abbé Jéhoël de la Croix-Jugan, évoqué dans le roman de Barbey d'Aurevilly, *L'Ensorcelée*, est ce moine chouan qui retrouve le chemin de l'Église après une tentative de suicide. Antéchrist que les femmes adorent jusqu'à leur perte, il envoûte Jeanne Le Hardouey. Lui, pourtant, ne l'a jamais regardée. Possédée, Jeanne est retrouvée morte dans un lavoir. Soupçonné du meurtre, l'abbé est terrassé dans son église le jour de Pâques, au moment de l'*O salutaris Hostia*, par le mari de Jeanne. Le fantôme de la Croix-Jugan revient certaines nuits pour en finir avec cette messe – « des Morts, sans répons et sans assistance, une terrible et horrible messe ».

Abbaye de Blanchelande

Accès — *À 30 km de Coutances via la D136.*
Visite — *Fermé au public. Les environs sont aussi propices aux apparitions fantomatiques. Suivre le ruisseau de Blanchelande jusqu'au donjon de La Haye-du-Puits (à 3 km), hanté par l'affaire des sorciers de la Manche.*

Le château de Gratot

Le château de Gratot est un miroir brisé. N'étaient les eaux qui l'encadrent et clapotent avec douceur – depuis la source à la Fée –, ni les marronniers qui en reprennent le motif, rien n'y garantirait sept ans sans malheur : je serais le captif d'un rêve de pierre. Le donjon, surtout, est une fêlure ; on craint de s'y blesser.

C'est une tour taillée en biseau. Dans le corps du bâtiment, aux fenêtres béantes, des demoiselles entortillent le fil de mes jours comme des festons ; et la reine des fées, de la tour octogonale, brûle de le rompre. Cette fée de Gratot est une Lasa étrusque ; sur le blason des Argouges, posé contre un mur du logis seigneurial, on la voit porter le peigne dans sa main droite, le miroir dans sa main gauche. Ce blason forme un cuivre de cheminée qui a l'aspect roux comme s'il eût trempé dans le mercure. La fée, qui sort du heaume et domine les lions, sait-elle l'obtention de la pierre philosophale ? Les rayons de lune excitent sa vengeance. Ne restons pas là.

« À la faée » est le cri de guerre de la famille d'Argouges, qui posséda Gratot durant cinq siècles à partir de 1251. Voici pourquoi. Jadis, un seigneur d'Argouges chassait en forêt de Bayeux. Soudain, il rencontra une troupe de vingt cavalières. Il s'éprit de la plus belle, qui était aussi sa fée, sa tutrice dans l'autre monde.

La fée consentit à l'épouser, à une condition : jamais, devant elle, le seigneur ne devait prononcer le mot *mort*. De beaux enfants couronnèrent leur union. Sept années passèrent. Un jour, le seigneur de Gratot prépara un tournoi en l'honneur de son cousin Granville. La dame d'Argouges mettait beaucoup de temps à se préparer. Du bas de la tour octogonale, le seigneur s'exaspéra : « Belle dame, vous êtes tellement lente en vos besognes, que vous seriez bonne à aller quérir la mort ! » Aussitôt, la fée hurla et s'envola à jamais. Le rebord de la fenêtre porte l'empreinte de son pied. Les larmes du seigneur, année après année, forent l'entaille pérennelle – pendant que sa dame revient hanter les caves du château les nuits de tempête, en criant : « La mort ! La mort ! »

Le château de Gratot fut abandonné au XIXe siècle. En 1968, une campagne de restauration commença. Elle dura vingt ans. Des bénévoles de toute l'Europe vinrent sauver l'édifice. Ils aperçurent à maintes reprises les fantômes d'un homme et d'une femme dans les jardins, brillants comme à l'aube de l'humanité. À la fin, toujours, l'homme se mettait en colère. Il est notable que cette campagne de restauration ait précipité ces revenants, comme si les chocs du marteau contre la pierre reportaient en mémoire des événements passés. Ainsi ceux qui voient défiler leur vie dans les moments d'angoisse, quand la mort s'approche.

Château de Gratot

Accès — *À 4 km de Coutances.*
Visite — *Tlj. 10h-19h. Tarif 5 €. 06 64 01 05 82, www.chateaugratot.com*

L'abbaye de Hambye et le château des Ravalet

Dans cette douce vallée de la Sienne, au pied du mont Robin, chaque arbre a comme une porte qui luit dans le tronc. Les cils longs des vaches en nettoient constamment le seuil. En poussant l'une de ces portes, nous basculerions sans retour dans le mystère du bocage. Suivant les recommandations du chanoine Niobey, qui a restauré l'abbaye de Hambye au début du XXe siècle, je choisis d'y arriver par la route de Villedieu. Depuis le ravin de la Doquette, j'admire cette ruine, ainsi présentée par le chanoine : « silhouette de gigantesque oiseau blessé à mort, déployant encore ses ailes ». De morts qui y déploient encore leurs ailes, l'abbaye en compte un certain nombre.

Au début du XVe siècle, Louis d'Estouteville, marié à Jeanne Paynel, dame de Hambye, est capitaine du Mont-Saint-Michel. Il dirige le combat contre les Anglais – leur ultime assaut du Mont. Le soir du 17 juin 1434, la baie est rouge de leur sang : elle engouffre deux mille cadavres. Aucune mort française n'est à déplorer. À date régulière, d'Estouteville revient sur les remparts, contempler son fait d'armes. En 1933, sa sépulture est découverte dans les ruines de l'abbaye de Hambye, avec celle de son épouse. Deux reliquaires en plomb les accompagnent, dont l'un contient un cœur embaumé, un parchemin et des graines d'encens. Le couple aurait été aperçu à maintes reprises, veillant sur les ruines de l'abbaye et sur ses protecteurs.

Dans l'**église**, je repense à la formule du chanoine Niobey. C'est vrai qu'une force terrible poigne l'esprit. Les ruines ont l'air d'un crabe lassé des dunes de la Manche. Il a fui, en pas de côté, les grèves du Mont-Saint-Michel, pour tourmenter d'Estouteville dans sa tombe. Dans la salle capitulaire, j'admire une fresque du XIIIe siècle, représentant la cérémonie du lavement des pieds. De toutes les peintures qui ornaient cette salle somptueuse, c'est la seule qui ait traversé les siècles sans perdre ses couleurs. Cette épreuve d'humilité s'adresse-t-elle aux fantômes qui hantent l'abbaye ? En particulier, si j'en crois mes impressions, ceux de la puissante famille Ravalet ?

L'abbaye de Hambye fut en effet favorisée par la famille Ravalet en réparation des nombreux crimes qu'elle avait perpétrés. L'un de ses abbés, au XVIe siècle, était membre de cette famille. Auparavant, un Ravalet avait assassiné son frère. Puis un autre avait séduit la femme de l'un de ses gens d'arme, l'avait tuée et précipitée dans un fossé avant de tuer son époux. Un autre encore fit tuer à l'autel un prêtre qui le critiquait. Un jour, ce fut l'inverse : cinq domestiques se rebellèrent contre leur seigneur et l'assassinèrent. C'est pourquoi Jean III de Ravalet, gentilhomme de la chambre de Louis XIII, Madeleine de Lavigne, son épouse, et Jean de Ravalet, abbé de Hambye, ont multiplié les donations, plus encore après l'exécution de Marguerite et Julien de Ravalet en 1603 – le frère et la sœur exécutés en place de Grève car jugés coupables d'inceste. Jean, abbé de Hambye, était leur oncle.

Une histoire met directement en lien cet abbé de Hambye avec le **château des Ravalet**, près de Cherbourg (à 90 km de Hambye). Thérèse de Brye, âgée d'une quinzaine d'années, était la cousine de Marguerite de Ravalet à laquelle elle conseillait : « Pour faire dire à une jeune fille ou à une femme tout ce qu'elle a fait, qu'on prenne le cœur d'un pigeon avec la tête d'une grenouille et après les avoir fait sécher, si on les réduit en poudre sur l'estomac de celle qui dort, on lui fera avouer tout ce qu'elle a dans l'âme. » Une nuit, tout le monde accourut dans la chambre de Marguerite. Elle poussait des cris terribles. Le seigneur de Ravalet et ses proches la virent léviter avant de tomber sur le sol. Alors elle se plaignit d'être battue à coups de hallebarde par « un grand homme en noir ».

La croyant possédée, on ne lui mit pas de poudre sur l'estomac, mais on fit venir le frère du seigneur, Jean de Ravalet, abbé de Hambye et grand vicaire de Coutances. Il l'exorcisa. Pourtant, certaines pièces du château familial portent toujours de sombres inscriptions telles que : « Ce qui me donne la vie me cause la mort » ; « Même en fuyant l'on est pris » ou encore « Plusieurs sont atteints de ce feu, mais n'en guérit que fort peu. » J'ai visité le château des Ravalet quelques jours avant de me rendre à l'abbaye de Hambye. Je me souviens d'avoir rencontré une panthère sculptée dans une grotte artificielle. Jamais une statue ne m'avait tant terrifié. Maintenant, je la vois presque devant mes yeux, l'ombre de sa patte approche de la page blanche ; comme si cet animal, lui seul, connaissait le lourd secret de la famille Ravalet.

> *« J'admire cette ruine, ainsi présentée par le chanoine Niobey, « silhouette de gigantesque oiseau blessé à mort, déployant encore ses ailes ». »*

Abbaye de Hambye

Accès — *À 20 km de Coutances.*

Visite — *Avr.-juin et sept. : mer.-lun. 10h-12h et 14h-18h ; juil.-août : tlj. 10h-18h ; oct. : mer.-ven. 14h-17h30 (mer.-lun. 10h-12h et 14h-17h30 pendant les vacances de la Toussaint). Tarif 5,50 €. 02 33 61 76 92.*

Château des Ravalet

Accès — *À 75 km de Coutances. Av. du Château, Cherbourg-en-Cotentin.*

Visite — *Tlj. : fév. 8h30-18h, mars et oct. 8h-18h30, avr. et sept. 8h-19h, mai-août 8h-20h, nov.-janv. 8h30-17h. Accès gratuit. 02 33 22 01 35.*

LA DAME BLANCHE

Messagère de la mort, la dame blanche est la reine des fantômes de France. Nous la rencontrons dans les châteaux, et au bord des rivières et des routes. Son origine est celtique : c'est la Banshee, *la «femme du Sid» – l'au-delà des peuples gaëls. Si despotique que soit la dame blanche, elle concède quelques territoires à ses parentes, rouges, vertes, jaunes et même bleues dans les montagnes.*

Femme de l'au-delà

La Banshee est d'abord le génie tutélaire des familles aristocratiques. En Irlande et en Écosse, elle se manifeste trois jours avant la mort du seigneur. Cette épiphanie peut n'être qu'un cri strident, poussé sur les toits du donjon. Ce cri s'appelle « *caoineadh* », « pleurs » en gaélique. Si vous passez en Angleterre, la Banshee deviendra dame grise ou brune. En France, cette messagère de la mort fut longtemps active au château de Chantilly (p. 75). Sous les traits de Louise de Budos, elle apparaissait quelques jours avant le décès du maître des lieux – longtemps les princes de la maison de Condé, branche cadette des Bourbons. Son ministère est parfois plus tendre : dans le Jura (p. 167), les dames vertes raccompagnent les enfants perdus. Attention cependant, l'apparition d'une dame verte au château de Mézangers (Maine) reste de mauvais augure. Dans les Alpes, on craint la dame bleue. En Auvergne, au château de Villeneuve-Lembron (p. 197), vous pouvez saluer la dame jaune mais ne vous attardez pas : on dit que cette Baraille, du nom de l'ancienne gouvernante du château, a pactisé avec le diable. Parfois, la dame blanche est une apparence de la Vierge Marie. Le blanc était aussi la couleur du deuil pour les reines de France, qu'on nommait les « reines blanches » ; c'est vêtue d'hermine qu'apparaît Louise de Lorraine dans les couloirs de Chenonceau (p. 150). Bien sûr, si vous croisez la chouette effraie, songez qu'elle ne vole jamais loin d'une « fille de la nuit ».

Fée de nos campagnes

En France, les dames blanches ont souvent la fonction de fée, notamment grâce à leur reine, Guenièvre : le gallois *Gwenhwifar*, « blanc fantôme », est son patronyme. Guenièvre, que nous avons rencontrée dans les ruines de Joyeuse-Garde (p. 36), était d'abord l'épouse du roi Arthur avant de devenir la maîtresse de Lancelot du Lac. La Dame du Lac, Viviane, est aussi apparentée à une dame blanche, par son essence aquatique et surtout par son œuvre de fée. Les familles au nom de Blanches Mains (p. 118) ont certainement gardé une fée dans leur sillage. De même, la famille d'Argouges, qui posséda le château de Gratot (p. 132), tient pour devise « À la Faée » et son blason célèbre une dame au miroir. Mais la fée la plus connue de France, cousine des dames blanches, demeure la fée Mélusine. Fée bâtisseuse, son œuvre est célébrée en Poitou (p. 210).

Noir et blanc

Comme nombre d'apparitions féeriques, la dame blanche est de nature versatile. Parfois, elle vous propose de la suivre en échange d'un trésor. À Rambouillet, près de la Pierre-Ardoue (p. 97), il faut certes la suivre mais ne jamais se retourner : non seulement vous perdriez vos richesses, mais vous mourriez aussi de folie. En Normandie, Mathilde l'Emperesse, petite-fille de Guillaume le Conquérant et bienfaitrice de Mortemer (p. 114), hante l'abbaye depuis sa mort au XXe siècle. Si son fantôme de dame blanche vous apparaît ganté de noir, une mort subite vous attend; s'il porte des gants blancs, c'est un mariage ou une naissance qu'il annonce.

Pour toutes les dames blanches, le trait saillant de leur beauté diaphane reste une mélancolie inaltérable. Ni les oiseaux, ni les abeilles, ni même les feuilles des arbres n'égaient leur séjour éternel.

LE FAUCON NOIR

Au début du XIe siècle, l'Anjou a pour maître Foulques III. Tant pour sa physionomie que pour ses méfaits, on le surnomme Foulques Nerra, le « Faucon Noir ». Après que son épouse, Élisabeth de Vendôme, a donné naissance à une fille plutôt qu'au garçon espéré, le Faucon Noir a tôt fait de la soupçonner d'adultère. Soit ! Il la fait jeter dans le Maine du haut des remparts d'Angers ! Comme elle en réchappe, il la fait brûler vive devant la cathédrale ; mais le feu déborde et gagne la ville entière... Nerra l'entend comme une punition divine et part aussitôt en Terre sainte. À son retour, il poursuit malgré tout ses méfaits, et multiplie les pèlerinages à Jérusalem. Au quatrième voyage, entrepris avec le Normand Robert le Diable, il demande à ce qu'on le traîne et le fouette dans les rues de Jérusalem : « Ayez pitié du traître et parjure Foulques Nerra ! Seigneur Jésus, pardonnez mon âme suppliante ! » Depuis, l'âme de Foulques Nerra n'a jamais quitté les provinces de Touraine et d'Anjou. Toutes ses constructions – Angers, Loches, Brissac, Montsoreau, Montrésor et surtout le donjon de Montbazon – sont le séjour régulier d'un petit faucon noir. Après s'être posé sur le donjon, l'oiseau s'engouffre dans les souterrains. On dit qu'il cherche son épouse.

« DEPUIS, L'ÂME DE FOULQUES NERRA N'A JAMAIS QUITTÉ LES PROVINCES DE TOURAINE ET D'ANJOU. »

VAL
la Maine
l'Erdre
CHÂTEAU D'ANGERS
A11
Angers
PONT DES HOMMES-SANS-TÊTE
N171
la Loire
Oudon
Nantes
Château de Brissac
Cholet
A87
Océan Atlantique
N
W

Orléans
E - L O I R E
Foulques Nerra
Anjou
Orléanais
Blois
A10
la Loire
D764
Château-de Fougères-sur-Bièvre
Tours
Amboise
Forêt de Montrichard
D751
D976
A85
D976
le Cher
Parc naturel régional Loire-Anjou-Touraine
Château d'Azay-le-Rideau
Château de Chenonceau
Touraine
la Vienne
Abbaye royale de Fontevraud
Château de Chenonceau
Labyrinthe
Jardin de Diane de Poitiers
Jardin Médicis
Tombe de Louise Dupin
A10

+EN ANJOU

À quelques kilomètres d'Angers, voici le plus haut château de France et la plus grande abbaye d'Europe. Les fantômes qui hantent ces lieux sont donc les plus puissants du pays.

Le château de Brissac

C'est le mitan de juillet. Mon séjour à Angers, près du château du roi René, aux dix-sept tours, a été un bonheur. On peut y admirer la fameuse *Tenture de l'Apocalypse* ; mais, préférant les solitudes, j'ai suivi la Loire jusqu'aux portes de Nantes. À **Oudon**, j'ai bravé le **pont des Hommes-sans-Tête**, sous le château ruiné de Vieille Cour. La légende y place les fantômes des frères Malestroit, Jean et Julien. Faux-monnayeurs sous François Ier, ils furent exécutés. Leurs spectres viennent encore compter et recompter leurs écus sur le petit pont de pierre jeté sur le Hâvre. Les nuits de pleine lune, ils sont très nerveux... Ne les approchez pas ! Le nouveau **château d'Oudon**, lui, avec son donjon de schiste noir en surplomb du fleuve, a été construit à la fin du XIVe siècle par le même architecte que la forteresse de Largoët (p. 50). Comme le climat se réchauffe, je rêve à présent d'un grand château où m'ombrager, entouré d'un parc luxuriant. Sur le calendrier, je note que demain, 17 juillet, est le jour de la Sainte-Charlotte. Je m'étais promis d'aller voir Charlotte, justement, en son domaine de Brissac, à une quinzaine de kilomètres d'Angers.

« Leurs spectres viennent encore compter et recompter leurs écus sur le petit pont de pierre jeté sur le Hâvre. Les nuits de pleine lune, ils sont très nerveux... Ne les approchez pas ! »

Château d'Angers

Accès — *2, promenade du Bout-du-Monde, Angers (gare TGV, TER).*

Visite — *2 mai-4 sept. : tlj. 10h-18h30 ; 5 sept.-30 avr. : tlj. 10h-17h30. Fermé 1er janv., 1er mai et 25 déc. Tarif 9,50 € ; billet jumelé avec les musées d'Angers. 02 41 86 48 77, www.chateau-angers.fr*

Oudon

Accès — *À 60 km d'Angers et 30 km de Nantes (gare TER).*

Visite — ***Pont des Hommes-sans-Tête** et **château de Vieille Cour :** depuis le village, une jolie promenade de 2 km vous mène, suivant le Hâvre, au pont des Hommes-sans-Tête. Le château de Vieille Cour, qui le domine, est en ruine. Il se visite ponctuellement, notamment lors des Journées du patrimoine. 02 40 83 07 44 (office de tourisme du Pays d'Ancenis). **Château d'Oudon :** 11, rue du Pont-Levis. Mai-juin et sept.-nov. : ven.-dim. 10h-12h30 et 14h-18h ; 7 juil.-28 août : mer.-dim. 10h-12h30 et 14h-18h. Tarif 3,50 €. 02 40 83 80 04, www.pays-ancenis-tourisme.com/chateau-medieval-doudon*

Juillet eſt le mois des amours intenses, lavées par les orages en août. Beaucoup de promesses se tiennent en cheveux d'ange, comme les nuages qui courent au-dessus des tours du château ce jour-là. **Brissac** eſt un vrai palais de rêve, le plus haut de France avec ses sept étages. Un théâtre privé occupe ses combles. Dans le parc, rien ne semble gémir. Pourtant, l'hiſtoire du lieu a quelques gerçures. Dans la nuit du 31 mai au 1er juin 1477, le propriétaire de Brissac, Jacques de Brézé, comte de Maulévrier, y assassina son épouse, Charlotte de Valois, fille du roi de France Charles VII et d'Agnès Sorel. Il venait de la surprendre dans les bras de celui qui était son ami, Pierre de Lavergne. Il le tua également. Informé du meurtre de sa demi-sœur, le roi Louis XI ordonna l'exécution de Maulévrier avant de se raviser – son hoſtilité envers Agnès Sorel était connue. Finalement, ses biens confisqués, Maulévrier fut jeté en prison. Mais l'eſprit de Charlotte de France hante toujours Brissac, avec une préférence pour le parc et les rives de l'Aubance. Il apparaîtrait sous la forme d'une dame verte, en juillet, surtout les nuits d'orage autour de la Sainte-Charlotte. Parmi les ramées qui l'escortent, de petits oiseaux portent sa traîne le long de l'Aubance. A-t-elle son embarcadère de choix, comme la reine Blanche à Bellozanne ? Une barque, c'eſt vrai, l'attend cachée dans les roseaux. Quelque chose se pâme à cet endroit du parc. Il me semble marcher dans la neige : même en juillet, l'herbe foulée a des ronrons de chat. Elle eſt douce, profuse. Quand elle eſt haute, je n'y crains pas les inſectes. Une main invisible m'en préserve, dirait-on.

« *Quelque chose se pâme à cet endroit du parc. Il me semble marcher dans la neige : même en juillet, l'herbe foulée a des ronrons de chat.*

Elle est douce, profuse »

Le **mausolée** de la famille Brissac, construit dans un style néoclassique, apparaît soudain au haut d'une colline, mais je préfère continuer mon chemin sur les rives de l'Aubance. J'aurais pu choisir le circuit « de la Cascade » (20 min aller-retour) ou celui « du Lac de Diane ». Suivant celui « du Pont rouge », j'arrive aux ruines de ce qui me semble être un **ermitage**, contre la colline du mausolée. Une statue de la Vierge est posée dans une niche, mais aucun document ne mentionne la présence d'une chapelle ici. Le propriétaire du château ne m'en dira pas davantage. Étrange. Ce lieu, écarté des guides, me retient une demi-heure. L'ombre des arbres dessine des rosaces. Des bourdonnements attirent mon attention. Un nid d'abeilles s'est installé. Quelquefois, je les vois sortir, par essaims, et dessiner le visage d'une jeune femme. Sa blondeur est formée du pollen sur les ailes.

J'entre dans le **château** sous le regard des statues de deux muses, nichées dans la façade : Clio, muse de l'Histoire, et Érato, muse de la Poésie érotique et lyrique. Je reste un long moment dans les cuisines. Une odeur familière me transporte dans un château que j'ai bien connu enfant. La retrouver ici me trouble beaucoup. Il semble que le génie du lieu m'ait ramené vers des jours tranquilles. Essayant de me repérer dans ce dédale de deux cent sept pièces, je porte autant que possible mes yeux vers le parc. Je suis pressé de retrouver le fantôme de Charlotte : il ne paraît pas habiter l'intérieur de l'édifice. Saluant une dernière fois les muses, je gagne la curiosité de Brissac : son **canal souterrain**. Autrefois s'ouvraient ici les anciennes douves, comblées au XVIIIe siècle par cette voûte de schiste. Le château se dresse au-dessus. Une source, discrète, chante au bout du canal avant de s'offrir à l'Aubance.

Le soir, de retour à Angers, le château m'apparaît sous la treille des éclairs de chaleur. J'y vois Charlotte et les frères sans tête flotter sur les remparts. Dans les fossés, où autrefois le roi René entretenait léopards, lions, singes et daims, j'aperçois des faucons nichant dans les arbres.

Château de Brissac

Accès — *Brissac-Loire-Aubance, à 18 km d'Angers. De la gare Angers-Saint-Laud, bus 405.*

Visite — *19 mars-juin et sept. : mer.-lun. 10h-13h et 14h-18h ; juil.-août : tlj. 10h-18h ; oct.-13 nov. : mer.-lun. 10h30-13h et 14h-17h30. Tarif 11 €. 02 41 91 22 21, www.chateau-brissac.fr Chambres d'hôtes au château (15 avr.-15 oct.) à partir de 450 €/nuit.*

L'abbaye royale de Fontevraud

Jusqu'à la fin du XIe siècle, Fontevraud, entre le Maine et l'Anjou, était une immense forêt appelée «Tranche-Col», un repaire de brigands à la cruauté sans limites. La **tour d'Évrault**, hérissée de lanternes et de cheminées, devait attirer les voyageurs pour mieux les dépouiller. Un jour, les brigands trouvèrent le prédicateur Robert d'Arbrissel assoupi sous un arbre. Fallait-il le tuer? «Oui!», crièrent les brigands; «Non!», dit leur chef, Évrault, contre toute attente. Cette conversion tenait du miracle. Évrault tomba aux pieds de Robert. Dans le creux de *Fons Ebraldi*, Robert éleva l'abbaye qui, peu à peu, devint capitale des prodiges.

Robert d'Arbrissel pratiquait le syneisaktisme : pour s'éprouver, il dormait nu au milieu des femmes. Par la suite, il demanda à ce que l'abbaye de Fontevraud, mixte, soit dirigée par une mère supérieure. Les moines prenaient cela comme une autre épreuve de pénitence. Fontevraud, plus vaste cité monastique du continent, porte le poids du non-dit. Les privations, les souffrances ont longtemps gouverné ces murs. Des mea-culpa y résonnent encore.

Les jeux de lumière sur le tuffeau, cette craie typique du Val de Loire, me fascinent. Les nuages qui passent au-dessus de l'abbatiale ont la blancheur d'énormes blocs détachés par une rafale et soufflés par les gargouilles. Ils se crispent, comme s'ils voulaient éviter ces lieux.

Fontevraud est la Saint-Denis des Plantagenêts. Dans l'**église**, je me promène entre les gisants des «fils de la démone» (p. 221). L'un d'eux saigne-t-il du nez? En 1189, Henri II, roi d'Angleterre, meurt à Chinon; son corps est conduit à l'abbaye. La veillée funèbre est assurée par son fils Richard. Un détail

trouble le futur Cœur de Lion : le nez de son père ne cesse de saigner… La tradition ne dit-elle pas qu'une personne assassinée saigne toujours en présence de son meurtrier ?

S'accusant d'avoir provoqué la mort de son père, Richard est intranquille. Cela dit, il repose lui aussi à Fontevraud, aux côtés de sa mère, Aliénor d'Aquitaine.

Dehors, sur le parvis, les tours pointent comme des hallebardes. Une cloche sonne et repousse le ciel. Un bruit de herse qui se referme me fait sursauter. Ai-je oublié que Fontevraud, récupérée par Napoléon Ier en 1814, fut une prison ? Et même l'une des plus terribles de France. Elle le sera jusqu'à sa fermeture, en 1963. Ses détenus avouaient lui préférer le bagne de Cayenne…

Les nuages couvrent la **tour d'Évrault**, adossée au cloître de l'abbaye. Cette pyramide était un lieu de mort certaine. Peut-être qu'un festin se prépare toujours à l'ombre de ces cheminées : des gnomes y chauffent marmites et fourneaux. D'ailleurs, les êtres sculptés sur les mascarons se dévorent entre eux. Des remugles me prennent à la gorge. Il est temps de partir.

Abbaye Royale de Fontevraud

Accès — *Fontevraud-l'Abbaye, à 16 km de Saumur (gare TER, Intercités). Depuis Saumur, bus 1.*

Visite — *3 janv.-8 avr. et 7 nov.-16 déc. : mer.-lun. 10h-18h ; 9 avr.-1er juil. et 29 août-6 nov. : tlj. 10h-19h ; 2 juil.-28 août : tlj. 10h-20h. Tarif abbaye 12 €, abbaye + musée 15 €. 02 41 51 45 11, www.fontevraud.fr*

+EN TOURAINE

Le nombril de la France a toujours envoûté les reines, les druides, les astrologues et les fées. Ils y ont construit des châteaux comme des ponts sur les rivières, et des palais ardents comme les braises.

Le château de Chenonceau

Dans la brume d'un matin d'octobre, j'arrive à Chenonceau avec la pensée que j'approche du nombril de la France. Le « nombril divin » de la Gaule se trouverait dans la **forêt de Montrichard**, à dix kilomètres en amont de Chenonceau ; s'y tenait l'assemblée annuelle des druides.

J'étais venu une première fois à Chenonceau une nuit de Pentecôte. J'avais dix ans. Des illuminations rendaient le lieu infernal, plein d'évolutions secrètes. Une grande partie de ma recherche photographique est due à cette nuit, comme une volonté de la prolonger éternellement.

Une allée de platanes bicentenaires conduit toujours du village au château, bâti dans le fond d'une vallée fermée par deux sphinx. Les arbres portent des chandeliers et les cendres tombent sur le visage des reines.

En 1547, le roi de France Henri II fait présent du domaine à sa maîtresse, de vingt ans son aînée : Diane de Saint-Vallier – que la légende nomme Diane de Poitiers. Duchesse de Valentinois, Diane modèle le château à son image, mais aussi le roi, qui prend son emblème : le croissant de lune. La nuit, dit-on, Diane s'admire encore dans les glaces, talonnée par l'épouse officielle d'Henri II, Catherine de Médicis, qui la peigne, sourire en coin. Diane hanterait aussi les rives du Cher. Alors que j'approche du château, je suis attiré par une plateforme sur la rivière. C'est le « **Bain de Diane** ». La favorite y descendait par l'escalier des cuisines ; celui des bateliers, caché dans un pilotis. Ici, elle s'élançait dans l'eau, telle une sirène à l'abri des regards. Ce bain, accompagné d'élixirs, devait la rendre immortelle…

Catherine de Médicis, elle, patiente. Douze ans – sa devise n'est-elle pas *Odiate e aspettate*, « Haïssez et attendez » ? Puis, à la mort du roi, en 1559, elle récupère le domaine. Régente et maîtresse de Chenonceau, elle y installe son astrologue, Luc Gauric, dans une pièce secrète. Dans son nouveau palais, Catherine multiplie les fêtes inspirées de mythes. On y voit tirer des feux d'artifice pour la première fois en France. Au cours de ces nuits fiévreuses, la reine chapeaute l'« escadron volant », un aréopage de jeunes servantes à demi nues chargées de recueillir les confidences des participants. En mars 1560, elle accueille son fils François II et son épouse, Marie Stuart, reine d'Écosse. L'architecte et peintre italien le Primatice supervise tout. En 1589, le roi Henri III est assassiné par le moine Clément

– suivant la prédiction de Gauric. Sa veuve, la reine Louise de Lorraine, se retire à Chenonceau. Elle transforme l'édifice en un vaisseau d'ébène, ne se vêt que de blanc, et prie toute la journée dans sa chambre lambrissée de pioches, de pelles, de crânes et de couronnes d'épines. Celle que l'on nomme pour toujours la « reine blanche de Chenonceau » meurt en 1601, entourée d'ursulines. On dit que certains Tourangeaux viennent une fois l'an toucher les pierres du château pour communier avec son âme...

« *Au cours de ces nuits fiévreuses, la reine chapeaute l'escadron volant, un aréopage de jeunes servantes à demi nues chargées de recueillir les confidences des participants.* »

Château de Chenonceau

Accès — *Chenonceaux, à 3 km de Tours (gare SNCF à 400 m du domaine).*

Visite — *Jan.-mars. et nov.-déc. : tlj. 9h30-16h30 ; avr.-mai et oct. : tlj. 9h-17h30 ; juin : tlj. 9h-18h ; juil.-août : tlj. 9h-19h ; sept. : tlj. 9h-18h30. Tarif 15 €. Nombreuses animations. Du 13 au 15 août (21h30-23h30), les jardins sont éclairés aux bougies et vibrent aux accords de grands compositeurs italiens de la Renaissance ; réservation obligatoire. 0820 20 90 90, www.chenonceau.com*

Au sud-est du **jardin de Diane de Poitiers**, je passe une heure près de la petite écluse. De loin, la galerie sur le Cher forme presque un octroi coupant les eaux lustrales de Montrichard. Le centre de la France est vraiment le pays de toutes les Dianes, des prêtresses aux puissantes favorites. Cet endroit du parc, en retrait, est d'un calme qui prête à mille voluptés. Mais le temps passe. Les samares des érables tombent en hélices. Le reflet du château, net au petit matin, commence à se fissurer. Les reines pleurent avec les fanes d'octobre.

Je regagne le **château**, essayant de puiser dans l'histoire du lieu les personnages que j'aimerais rencontrer. Malgré son image de « château des Dames », c'est une figure masculine que j'aperçois, d'une grande influence. Son passage est furtif. Que part-il manigancer ? Dans la grande **galerie Médicis**, œuvre de la « reine noire », Catherine, j'attriste les figures des médaillons, peut-être parce que je ne prête pas assez attention à leur discours... Je leur demande en vain où est le **cabinet vert** de la régente, et remue en eux des visions qu'ils préféraient oublier. Un chevalier en rabat même son heaume. Ce cabinet a vu se former les plus féroces pensées de Catherine de Médicis. Étouffé par les miroirs – où des mots d'amour s'écrivent parfois, tracés par des doigts invisibles –, j'apprends, soulagé, la fermeture de la **chambre de Louise de Lorraine** pour restauration. Je ne verrai donc pas les os et les crânes tumultueux ! Mais qui dit chantier de restauration dit retour des fantômes. J'ouvre d'autant plus l'œil.

Dans le parc, un autre lieu m'attire, presque en somnambule. Ce sont les **caryatides**, derrière le **labyrinthe végétal**, à quelques mètres de l'entrée du domaine. Dominant les buissons d'ifs, Pallas, Cybèle et les atlantes Hercule et Apollon apparaissent comme les jurés d'une épreuve, supervisant la traversée du labyrinthe. Rappelons que l'if est surtout présent dans les cimetières, où il devait « absorber les miasmes nocifs s'exhalant de la décomposition des cadavres », et qu'il favorise la rencontre entre le monde des vivants et celui des morts. Ce symbole, joint à celui du labyrinthe, donne le lieu le plus étrange du domaine. Sous le règne Médicis, ce quatuor divin, œuvre de Jean Goujon, ornait la façade d'entrée du château. J'ai donc face à moi les génies absolus de ces lieux. Je les contemple avec respect.

Des vipères d'eau sinuent dans le gazon ; mèneraient-elles au bosquet de Francueil ? Sur la rive gauche du Cher se trouve le **tombeau de Louise de Fontaine-Dupin**, qui mourut dans son château de Chenonceau, un matin de novembre 1799. L'arrière-grand-mère de George Sand y recevait de nombreux intellectuels, dont Rousseau, Voltaire et Montesquieu ; mais elle connut une fin de vie solitaire, tourmentée par la Révolution et la mort violente de ses proches. Son fantôme, plus encore que ceux de Diane de Poitiers et de Catherine de Médicis, est palpable.

Je quitte Chenonceau sûr d'avoir été épié derrière un miroir sans tain. Mais qu'ai-je à me reprocher, sinon d'avoir tenté, une fois, d'approcher l'« escadron volant » ? Le long de l'enceinte extérieure, je remarque quelques pontons. Des ombres clandestines passent là, sans doute, à l'image de Diane quittant son palais par l'escalier des bateliers.

TERRE DU MILIEU

Le centre de la France apparaît comme la vraie Terre du Milieu. Par exemple, à Montrichard, ancienne frontière entre Carnutes et Turones, tout près du passage à niveau, voici la fontaine sacrée de Nanteuil. Une procession l'honore chaque lundi de Pentecôte, souvenir de rites druidiques. En remontant le Cher, nous arrivons dans son département, qui est aussi la province du Berry. Les terres de George Sand sont parmi les plus ensorcelées de France. Au château d'Ainay-le-Vieil, Mélusine rôde sur le toit, son âme est emprisonnée dans une girouette. Au château de Meillant, souvenez-vous que le gaulois *Mediolanon*, son étymon, signifie « centre sacré », comme Châteaumeillant, à trente kilomètres de là. Le Cher est peut-être la rivière la plus sacrée de France.

Le château d'Azay-le-Rideau

Le château d'Azay-le-Rideau me hante depuis longtemps... Est-ce parce qu'il fut la propriété d'un aïeul ? Son aspect idyllique cache bien des regrets. Nous les évoquerons plus tard. Pour l'heure, dans les glycines, je cherche un nid de salamandres. Je m'agenouille près d'une racine, car j'ai eu l'impression d'une langue gelée contre mes chevilles.

J'aimerais demander aux salamandres qui était le chevalier Ridel. Au XIIe siècle, Hugues Ridel est le premier bâtisseur du château d'Azay. Il a si mauvaise réputation qu'on le dit « enfant du diable ». La notoriété enflammée du château ne fait que débuter. En 1417, le futur Charles VII doit gagner Tours. Son convoi, parti de Chinon, longe les murs du fort d'Azay quand des Bourguignons, alors en garnison, l'insultent allègrement. Aussitôt, le dauphin fait exécuter les plus de quatre cents soldats, et détruire le château et le village. Pour trois siècles, ces ruines porteront le nom d'Azay-le-Brûlé. La légende dit que les murs sont léchés de flammes, certaines nuits, alors que des cris troublent la vallée de l'Indre.

Le 19 février 1871, le prince Frédéric-Charles de Prusse, dit le « Prince Rouge » tant ses pas ruisselaient de sang, dîne dans la cuisine quand un lustre s'écrase sur la table, le manquant de peu. Le prince hurle à l'attentat, veut incendier le château ; son état-major réussit à l'en dissuader, après moult efforts.

Non loin de la cuisine, sur la grande cheminée, sur l'escalier d'honneur ou au culot d'un chapiteau, les salamandres m'environnent. Elles sont un souvenir de François Ier, qui récupéra le château après l'exil de son banquier Berthelot. Le roi de France avait choisi cet animal comme emblème, avec la devise : *Nutrisco et extinguo*, « J'y vis et je l'éteins ». Ici, l'animal est fabuleux, ce n'est pas le lézard jaune et noir que nous croisons sur nos routes. La salamandre symbolique tire sa substance même du feu où elle naît. Dans son *Histoire naturelle*, Pline l'Ancien évoque son pouvoir réfrigérant. Son venin est glacial. D'ailleurs, les Égyptiens représentaient un homme mort de froid par le hiéroglyphe d'une salamandre. S'il fallait se lancer dans une chasse au trésor dans le château d'Azay, elles nous guideraient sans peine.

Montant l'escalier d'honneur, je ne suis pas loin de me prendre pour le fantôme d'un ancien propriétaire. Au début du XXe siècle, Azay-le-Rideau fut acheté par le vicomte Henry de Larocque Latour. Propriétaire de 1899 à 1903, il voulait le transformer en université ouverte aux jeunes étrangers férus de civilisation française. Ses fonds n'étant pas suffisants, lui-même devenant insolvable, le tribunal civil de Chinon ordonna la vente du domaine en 1902. Dès le 17 juillet 1903, Azay-le-Rideau passait aux mains de l'homme d'affaires Arteau. Si, pour les avantages financiers, il en conserva les terres et les bois, il revendit le château et le parc à l'État en 1905.

Le château d'Azay est celui des douces palilalies, de ces répétitions qui enchantent les nuits de l'Indre. Dans le parc, je me perds entre les buissons, oublie bientôt où je me trouve, quand le château élève brusquement ses tourelles au-dessus d'un taillis. Vue singulière et primitive, car détachée de son miroir d'eau, qui ne fut ajouté qu'en 1950. D'ici, Azay-le-Rideau paraît plus farouche, ultime merveille d'une civilisation disparue, incertaine au milieu des marécages. Près de lui, un cèdre s'épanche, tel un phénix devant son dieu. Le château d'Azay-le-Rideau n'a jamais ressemblé parfaitement à l'image qu'en désiraient ses maîtres. Ils reviennent peut-être la nuit, œuvrer en silence ou s'admirer dans les douves, altérées du souffle des salamandres.

Château d'Azay-le-Rideau

Accès — 19, rue Balzac, Azay-le-Rideau (gare TER), à 25 km de Tours.

Visite — Avr.-juin et sept. : tlj. 9h30-18h ; juil.-août : tlj. 9h30-19h ; oct.-mars : tlj. 10h-17h15. Tarif 11,50 €. 02 47 45 42 04, www.azay-le-rideau.fr

“ *Dans les glycines, je cherche un nid de salamandres.
Je m’agenouille près d’une racine, car j’ai eu
l’impression d’une langue gelée contre mes chevilles.* ”

+EN ORLÉANAIS

Quand une forteresse à la gloire des cygnes devient le tombeau d'une orpheline, puis l'un des fiefs de la femme-serpent.

Le château de Fougères-sur-Bièvre

Aux portes de la Sologne, le château de Fougères-sur-Bièvre est une oasis dans ces plaines de l'Orléanais, parfois coupées d'étangs verts. C'est un château joufflu. Avril n'a pas encore foncé les feuilles et de la vapeur verte flotte au pied des murailles.

Le premier château de Fougères daterait de 1030. Il appartenait au vassal du comte de Blois, le Normand Frangal, qui épousa Chaana – la « femme-cygne » –, fille du seigneur de Chaumont. En 1087, Marie, orpheline, est mariée au nouveau seigneur de Fougères, un vieil homme jaloux. Appelé au front, il interdit toute visite masculine à son épouse. Un jour, un page lui porte un missel de la part d'une amie d'enfance ; au même instant, le seigneur entre au château. Il tue le page, enferme son épouse dans le donjon, et repart. Dévoré par le remords, il fait rapidement demi-tour. On lui apprend alors le trépas de Marie, morte de faim et de tristesse. Peu après, il chute mortellement des remparts. Nul doute chez les habitants : c'est le fantôme de Marie qui l'a poussé. Dans le château et surtout dans le parc, on rencontre parfois la dame de Fougères, flanquée d'une forme noire qui implore son pardon.

Des fleurs d'airain éclosent à mes pieds : ce sont les ombres du faîtage. Les toitures mêlent des girouettes imitant le serpent, la chouette et le lézard. Je visite la cour, guettant le passage de cornes de hennin – cette coiffe pointue des belles du XVᵉ siècle –, signe que Marie serait ma dame en ces lieux. Quelques secondes à peine, j'entends chanter dans la tour d'escalier. Un madrigal, dirais-je, aux accords souples comme des ailes de vouivre. J'interroge l'une des guides : il n'y a pourtant ni projection vidéo ni spectacle en rodage. Après tout, les oiseaux qui nichent dans les combles peuvent bien chanter le retour du printemps !

Dans le parc, je retrouve ces douces notes en longeant le bief, un segment de la Bièvre.

Au XIXᵉ siècle, le château devint une filature et disposait d'une roue à aubes ; les notes que j'ai cru saisir sont-elles l'écho des tisserandes ? Entre les plantes grasses du potager, j'ai toujours la vision d'un hennin qui flotte au-dessus des haies. Il est peut-être temps que je me repose. La vallée de la Loire, où je croyais trouver une douceur légendaire, réserve quelques coups de griffe. Le paysage abonde en sortilèges, car, comme son homonyme breton (p. 57), le château de Fougères est l'apanage de la fée Mélusine : en 1212, Eudes de Déols, seigneur de Fougères, épousa Agnès de Lusignan, dont la famille est réputée descendre de la fée. Le serpent ailé figure d'ailleurs sur le blason des Villebresme, propriétaires de Fougères deux siècles durant. Fameuse pour ses étangs et ses marécages, la Sologne est la terre favorite des femmes-serpents… Je devrais en rencontrer davantage lors de mon exploration du duché de Bourgogne (p. 170).

LÉRÉ, LE FANTÔME DU JARDINIER

Aux ruines du château de Léré, dans le Cher, les roses sont éternelles. Jadis, le propriétaire cultivait son jardin avec passion, mais l'un de ses voisins l'y tua. Les rosiers fleurissent toujours plus vermeils à l'emplacement du meurtre, et si quelqu'un y plante autre chose, une main invisible le détruit. Les nuits d'été voient l'ombre du châtelain descendre en silence aux rives de la Loire ; il y puise un peu d'eau, qu'il porte à ses roses.

Château de Fougères-sur-Bièvre

Accès — *1, rue Henri-Goyer, Le Controis-en-Sologne, à 19 km de Blois.*

Visite — *Sept.-avr. : mer.-lun. 10h-12h30 et 14h-17h ; mai-août : tlj. 9h30-12h30 et 14h-18h. Nombreuses expositions et visites thématiques. Tarif 6 €. 02 54 20 27 18, www.fougeres-sur-bievre.fr*

LE GÉANT GARGANTUA

Popularisé en 1534 par François Rabelais, le géant Gargantua porte toute une mythologie qui se perd dans les brumes celtiques. Avant Rabelais, la toponymie intégrait déjà les facéties du géant. Mais les jeux bouffons de Gargantua et de Pantagruel cachent une réalité sanglante.

Le dévoreur

À la fin du XIIe siècle, on rencontre un géant nommé Garganeüs dans le roman *Florimont*, d'Aymon de Varennes. Florimont, le héros, s'illustre en tuant Garganeüs, neveu de l'émir de Carthage et maître du mont Gargan, dans les Pouilles italiennes. Garganeüs, homme au corps de guivre et à la tête de léopard, immolait ses victimes dans un feu d'épines. Au passage : Florimont, le héros, a pour grand-père maternel Elinas, le père de la fée Mélusine. L'étymologie possible de son nom est irlandaise ; elle nous dit que *grian* désigne le « soleil ». Gargantua serait un dieu rayonnant ; et, comme les rayons, il dévore. Nous pouvons le comparer au dieu gaulois Teutatès, à Thot chez les Égyptiens et à Mercure chez les Romains – d'après Tite-Live, le puy de Dôme gallo-romain (p. 162) portait une gigantesque statue de Mercure. Gargantua était comparé par les Romains au dieu dévorateur Moloch, auquel on présentait une idole pleine de victimes à immoler. Comme les menhirs et les dolmens étaient les lieux prétendus de ces sacrifices, il est naturel qu'ils gardent son nom. D'ailleurs, si Gargantua boite, c'est qu'il dispose de forces divines. Dans les mythes, toute infirmité est souvent la rançon d'un excès de science, comme si les dieux supérieurs se vengeaient : Héphaïstos est boiteux parce que tenant du feu sacré ; Odin, voyant parce qu'il est borgne.

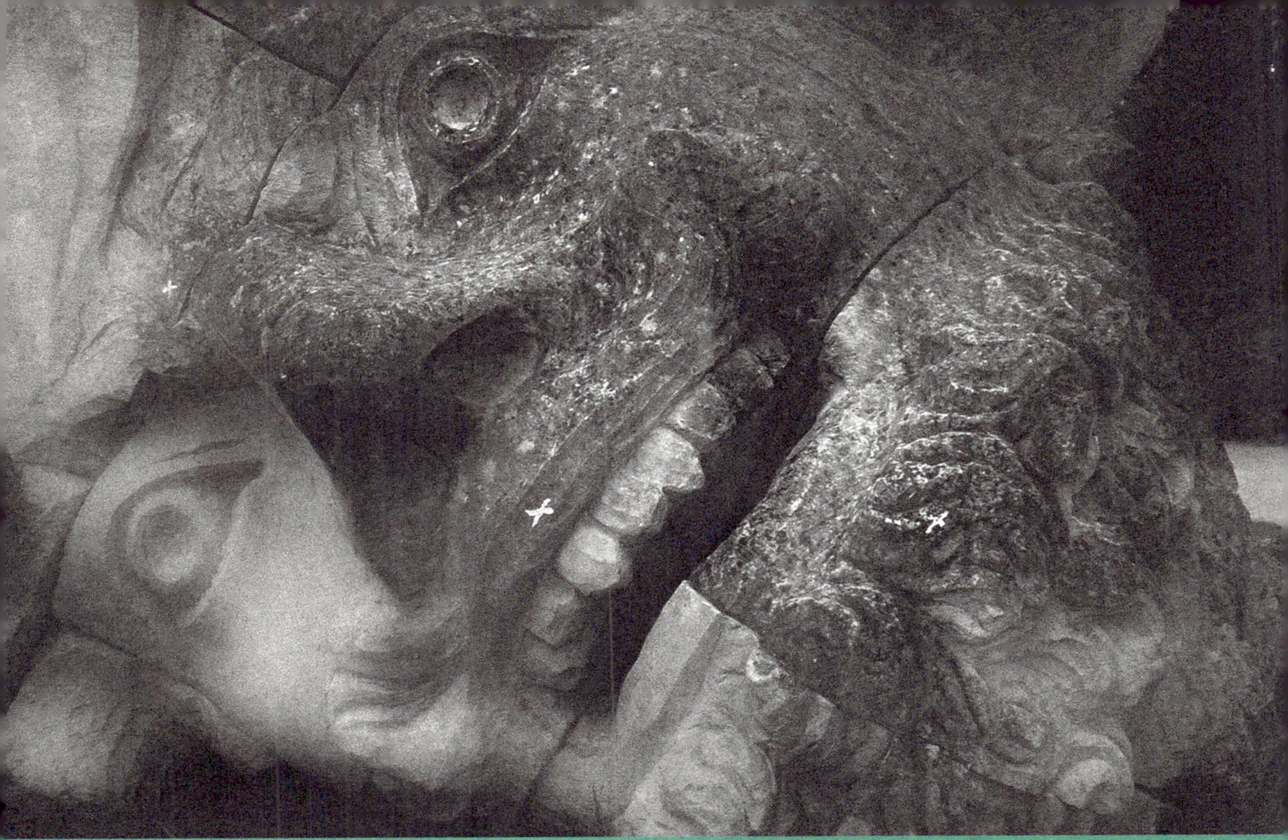

Un géant qui rayonne

Nous ne pouvons lister tous les dolmens, rocs, chemins… qui portent le nom de Gargantua, qu'ils aient été son siège, sa chaise, sa pierre à affiler… Des empreintes de son chariot sont visibles près du château de Carrouges (p. 124), sur la route de Sées, dans le bois de Montgomery : le géant revenait du Mont-Saint-Michel (un caillou qu'il fit tomber de sa hotte). Un mont Gargan s'élève près de Rouen ; un autre à quarante-quatre kilomètres au sud-est de Limoges, couronné d'une chapelle Notre-Dame-de-Bon-Secours et d'une fontaine magique dite du « Buisson-Blanc » (l'aubépine). En Poitou, Gargantua aimait jouer à la bogue avec le diable. Il prenait les menhirs comme buts, les dolmens pour palets ; et laissa l'un d'eux route de la Belle-Étoile, à la sortie du village de Saint-Benoist-sur-Mer (p. 226). Quand il s'est désaltéré dans l'Alagnon, près de Molompize (p. 197), il a écarté un roc de Massiac pour y poser ses pieds.

De Tomblaine à Tombelaine

Pour être plus rigoureux, suivons son itinéraire, décrit par l'auteur anonyme d'un roman, paru deux ans avant celui de Rabelais. Là, chacune de ses étapes vit s'épanouir un sanctuaire. À dos de jument, comme lui, partons de Tomblaine, au bord de la Meurthe, et suivons l'axe du soleil, de son lever à son coucher. Après avoir quitté Grand, rendons-nous à Troyes, puis à Sens, Château-Landon, Sceaux, Toury ; passons la Beauce, où sa jument, d'un coup de queue, abattit tous les arbres ; voici Mortagne-au-Perche, Sées, Carrouges, Domfront, Mortain, Saint-Hilaire-du-Harcouët, et les monts Dol, Tombelaine et Saint-Michel. Notez la ressemblance des noms du point de départ avec ceux du point d'arrivée. Plus étrange : pendant toute notre course, nous avons suivi le même parallèle, à un décigrade près.

LES CHANTS DE LA VOUIVRE

La vouivre, serpent de feu, est la créature toute-puissante de la Bourgogne et de la Franche-Comté. Nombre de voleurs ont péri sous son charme. Quand elle se baigne, elle prend les traits d'une femme séduisante et pose dans un bosquet de roseaux l'escarboucle qui orne habituellement son front. Si elle s'aperçoit de votre présence – pire, si elle vous remarque, rubis brûlant dans les mains – , votre mort est assurée : après avoir lancé son cortège de vipères, elle vous donnera le coup de grâce. On attribue à la vouivre le pouvoir de modifier les courants énergétiques, comme les dragons en Chine. La vouivre est aussi présente en Bourbonnais : quelques châteaux de l'Allier l'hébergent dans leurs caves. Avant d'atteindre l'arc jurassien, la vouivre sévissait dans l'actuelle Crimée. Héraclès faisait paître ses chevaux en Scythie, quand Échidna, la « vipère », hôte des cavernes, les lui prit en otage. La seule condition pour les récupérer était de s'unir à elle. Cette union donna trois enfants : Agathyrsos, Gélonos et Scythe.

« SI ELLE S'APERÇOIT DE VOTRE PRÉSENCE, RUBIS BRÛLANT DANS LES MAINS, VOTRE MORT EST ASSURÉE »

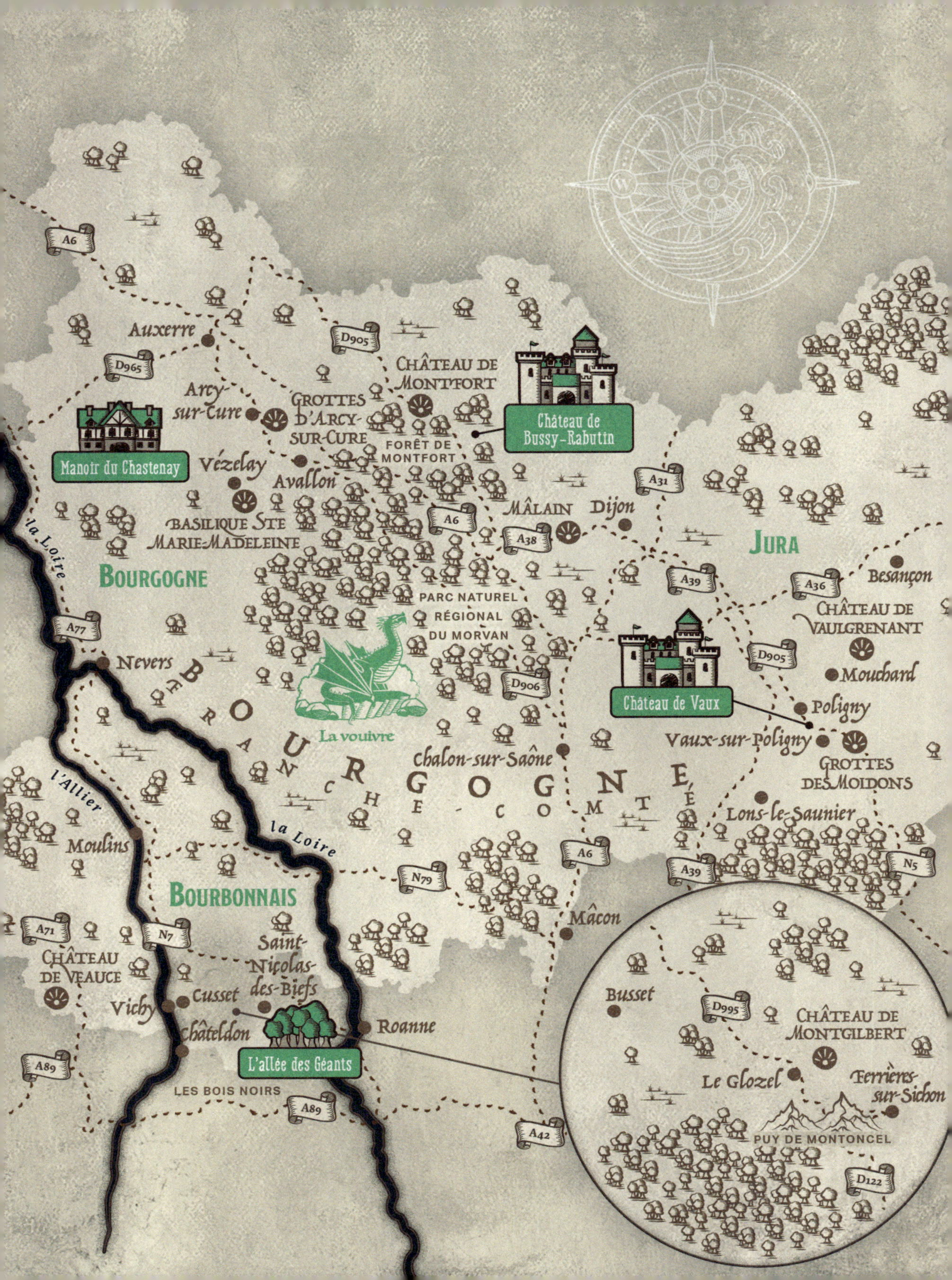
A6
Auxerre
D965
Arcy-sur-Cure
Grottes d'Arcy-sur-Cure
D905
Château de Montfort
Château de Bussy-Rabutin
Forêt de Montfort
Manoir du Chastenay
Vézelay
Avallon
Basilique Ste Marie-Madeleine
A31
A6
Mâlain
Dijon
A38
Jura
la Loire
Bourgogne
A39
Parc naturel régional du Morvan
A36
Besançon
Château de Vaulgrenant
A77
D905
Nevers
D906
Château de Vaux
Mouchard
Poligny
La vouivre
Vaux-sur-Poligny
Chalon-sur-Saône
Grottes des Moidons
Bourgogne-Franche-Comté
l'Allier
Lons-le-Saunier
Moulins
la Loire
A6
N79
A39
N5
Bourbonnais
Mâcon
A71
N7
Saint-Nicolas-des-Biefs
Château de Veauce
Busset
D995
Château de Montgilbert
Cusset
Vichy
Châteldon
Roanne
L'allée des Géants
A89
Le Glozel
Ferrières-sur-Sichon
Les Bois Noirs
A89
A42
Puy de Montoncel
D122

+DANS LE JURA

Une cascade hantée par un lutin mangeur de groseilles, une vouivre qui n'aime pas les visiteurs curieux : le Jura, ses grottes et ses dames vertes raviront les chasseurs d'escarboucles. Si vous en trouvez, cachez-les bien : le vent qui souffle au crépuscule pourrait les emporter, et vous briser les dents.

Vaux-sur-Poligny

Peut-être est-ce l'âge ou la saison – nous sommes à la mi-octobre –, mais je n'ai jamais senti peser un tel sortilège à l'approche d'une destination. Quand le Jura montre sa première épaule, peu après Lons-le-Saunier, je tombe en ravissement. Avec ses nombreux gouffres, baumes et cascades, l'ancien comté de Bourgogne reste l'apanage des vouivres. Je descends en gare de **Poligny**, au fond d'une vallée dominée par de larges crêts couleur sable, qu'effrite l'aigle d'argent – jadis emblème de la Franche-Comté, la liant au Saint Empire romain germanique.

À trois kilomètres de Poligny s'ouvre la **culée de Vaux**. Dans ces monts du Jura, la culée est un bout du monde, une vallée fermée ; pour en sortir, il faut revenir sur ses pas. L'Orain sourd là, qui rejoint le Doubs. À six kilomètres de la cascade, on signale les impressionnantes **grottes des Moidons**, à l'entrée desquelles la vouivre ouvre un œil pernicieux. Des falaises embrassent l'ensemble. Parfois, elles s'éboulent, comme au Trou de la Lune. L'épicentre de cette culée demeure la source Glantine ; à l'ombre d'une montagne sacrée, elle tombe en cascade de treize mètres de haut sous le château de Vaux, dont je rencontre la châtelaine, Dominique de Caffarelli. Elle m'apprend que les fondations remontent au XIe siècle, comme celles du prieuré voisin. Au XIIIe siècle, le château devint une huilerie et une scierie. Le Jura, *Juria*, n'aurait d'autre signification que « forêt » – impénétrable à l'époque romaine. Ce n'est qu'à la fin du Ve siècle que les moines entreprirent de défricher ces forêts. D'ailleurs, sur une gravure, dans le château, on voit la montagne de Poligny complètement chauve. Au XIXe siècle, le château prit sa physionomie actuelle, d'une blancheur toute néoclassique, devenant résidence du directeur du prieuré. Le **prieuré de Vaux** est bâti sur un temple païen où l'on vénérait une déesse-mère, symbolisée par la dame verte ; autour de l'an mille, cette déesse fut remplacée par la Vierge Marie.

Me voici devant la **cascade de la Glantine**. L'heure de midi trace des ombres d'enfants égarés. Dans ce joli parc dessiné au XIXe siècle, les feuilles d'ormes passent comme des écailles perdues. Un souffle glacé émane de la cascade : est-ce la fameuse montaine, dont on dit qu'elle descend le soir et achève les étrangers de passage à Poligny ? Elle burine les dents comme un mors, coupe la respiration, charrie de mauvais songes ; prend chaque rue, d'est en ouest ; portée par l'habitude, lèche les mêmes maisons et retourne à l'aube dans l'antre des vouivres.

Quittant la cascade, je grimpe sur le sentier qui doit m'emmener vers la **croix de Dan**. Un temple celtique couronnait jadis cette montagne de Poligny. Là, dans les bois, une dame verte (devenue blanche après la christianisation du lieu) raccompagne les enfants perdus. Une comparse, dame verte aussi, habite la combe voisine et apparaît au matin d'une catastrophe.

« Un souffle glacé émane de la cascade : *est-ce la fameuse montaine, dont on dit qu'elle descend le soir et achève les étrangers de passage à Poligny ?* »

Le bruit de la cascade diminue peu à peu. Sur le sentier vers la croix de Dan, dans le crissement des feuilles, je tente d'apprivoiser Babre au milieu des groseilles. En franc-comtois, Babre signifie le « Bégayant ». Babre est un lutin désespéré. Jamais son ne quitte sa bouche. La timidité, comme la solitude, chaque jour l'enfouit davantage. Lorsqu'on est très discret, reflet des choses, grotte soi-même, on peut l'apercevoir cueillir des fruits sauvages ; mais il s'enfuit sitôt que l'on esquisse un geste.

En fin de journée, je salue Mme de Caffarelli et lui demande, à demi-mot, si la vouivre a ses habitudes à Poligny : « La vouivre, on la voit très bien le soir, près de la cascade », me répond-elle avec mélancolie.

Le train qui devait me reconduire à Paris est arrêté, peu après la gare de Mouchard. De la fenêtre, j'aperçois au loin, au sommet de la combe de Pagnoz, les ruines du **château de Vaulgrenant**. Une citerne est creusée sous ses murs. Elle est nommée « Salle des Chevaliers » par les villageois. C'est là que demeure la vouivre, campée sur un trésor. Le soir, elle quitte son abri et se baigne dans la Furieuse, sous la combe de Bagney. Des habitants affirment que, dans les années 1980, la vouivre a tué deux curieux : un historien et un archéologue. Le premier étudiait dans la citerne du château ; le second voulait y engager des fouilles.

Depuis combien de temps le train est-il arrêté ? La nuit tombe autour de moi. Je suis seul dans le wagon. La vouivre me cherche-t-elle ? Ai-je moi aussi été trop curieux ?

Culée de Vaux-sur-Poligny

Accès — *À 3 km de Poligny (gare TER).*

Visite — ***Château de Vaux :*** *lors des Journées du patrimoine.* ***Prieuré de Vaux-sur-Poligny :*** *tte l'année sur demande. 03 84 37 24 21. Le château, le parc et la cascade s'aperçoivent depuis la route avant d'emprunter le circuit de la Croix de Dan et de descendre vers Poligny.*

Grottes des Moidons

Accès — *À 15 km de Vaux-sur-Poligny via Molain (N 5, puis D 469).*

Visite — *Avr.-sept. : tlj. 10h30-18h. Visite guidée uniquement. Tarif 9,80 €. La température dans les grottes est de 10 °C environ, s'habiller en conséquence. 03 84 51 74 94, www.grottesdesmoidons.com*

+EN BOURGOGNE

Un château aux mille et un portraits, bruyants de nuit comme de jour ; un val où dort le secret des alchimistes, et où déambulent des cortèges de salamandres... Le duché de Bourgogne est l'étape incontournable du chasseur de légendes. Mais attention au basilic ! Endémique sous la colline de Vézelay, il ne faut jamais le regarder en face ; chaque année, le coq-serpent fait encore des victimes.

Le château de Bussy-Rabutin

Du Jura à la Bourgogne, tout est si beau ! Les yeux cherchent une signature au bas du paysage tant il pourrait être l'œuvre d'un peintre. Mon esprit s'écorche dans les fleurs comme dans les regalia d'un prince.

Dans un vallon de l'Auxois, proche du site de la bataille d'Alésia, éclot le château de sirènes, Bussy-Rabutin. En ces lieux, le comte Roger de Bussy, académicien, auteur de *L'Histoire amoureuse des Gaules*, fut exilé par Louis XIV, en 1666, furieux de ses révélations. Le comte de Bussy décora son château de plus de trois cents portraits de rois de France, de courtisans, de capitaines, qu'il regrettait après plus de trente-deux ans de carrière militaire. Ces portraits ornent la **salle des Hommes de guerre**. Dans sa propre chambre, une vingtaine de représentations de reines et de favorites, d'Agnès Sorel à Mme de Fontanges, veillaient ses nuits blanches. J'y salue les fantômes qui ont assisté ma quête. J'ai croisé Agnès Sorel au château de Loches, Mme de Fontanges à Cropières (p. 197), la Maintenon près de son aqueduc, Diane de Poitiers – j'en frémis encore – près de son Bain de Diane à Chenonceau (p. 150).

De curieuses inscriptions latines ornent la **salle des Devises**, sous des motifs symboliques : « La cause en est cachée », sous-titre un volcan éruptif ; « S'il me regarde, ils me regardent », lit-on près d'un cadran solaire, étudié comme un effet d'optique... autant de clins d'œil, parfois très moqueurs, aux gens de la cour et à l'histoire personnelle du comte : « C'est une sirène : elle attire pour perdre », lit-on sous le portrait d'une de ses maîtresses, Mme de Monglas. Finalement pardonné par Louis XIV, Bussy revient un temps à Versailles ; mais, las, préfère regagner la solitude bourguignonne. Le château est la véritable objectivation de son esprit. « C'est un château bavard » : de l'aveu des agents, les portraits s'animent la nuit ; et les devises semblent s'exprimer. On s'attendrait presque à les entendre s'écrier, à notre passage : « Enfin ! Nous vous attendions ! » Le fantôme du comte, lui, apparaît dans les jardins français, près des campaniles, cherchant l'étreinte de ses chimères.

Le château de Bussy-Rabutin est également celui de créatures fluides comme les rêves. De nombreuses sources souterraines parcourent son domaine ; parfois, captées, elles alimentent les **douves**. La vouivre s'y plaît. Elle peut choisir de se baigner en plein jour, comme au château de Gemeaux (à 46 km de Bussy-le-Grand). Entre quatorze et quinze heures, elle jette sa beauté dans la fontaine de Gemelos.

Pourquoi le son du syrinx accompagne-t-il mes pas ? Un peu à l'écart, au pied de la statue de Cybèle – reconnaissable à sa corne d'abondance –, je songe que cette déesse-mère est assimilée à la vouivre.

> *« Pourquoi le son du syrinx accompagne-t-il mes pas ? »*

Château de Bussy-Rabutin

Accès — *À 7 km de Venarey-les-Laumes (gare TGV des Laumes-Alésia).*

Visite — *15 mai-14 sept. : tlj. 9h15-13h et 14h-18h ; 15 sept.-14 mai : tlj. 9h15-12h et 14h-17h. Fermé j. f. Tarif 8 €. 03 80 96 00 03, www.chateau-bussy-rabutin.fr*

MÂLAIN

Le village de Mâlain (à 40 km de Bussy-le-Grand) est un autre « centre sacré » : Mâlain a comme étymon *Mediolanum*. Son rond des sorcières et son trou du Diable ne contribuaient pas à atténuer les rumeurs qualifiant le village de plus ensorcelé de France. Ici, le Gaulois Aloïs aurait vu l'enlèvement de Proserpine par Pluton, le dieu des Enfers. Jusqu'à la fin des années 1990, le nombre d'habitants du village était étonnamment proche de ou égal à 666. Au Moyen Âge, les femmes suspectées de sorcellerie étaient jetées dans la Douix, une pierre autour du cou, les mains et les pieds liés. Celles qui remontaient à la surface étaient lapidées car, selon les juges, seule la sorcellerie pouvait le leur permettre. Le premier week-end de juin, tous les deux ans, de grandes fêtes villageoises exorcisent ce passé.

À quinze kilomètres à l'ouest de Bussy, sur la route qui me conduit à Val-Sainte-Marie, je fais une escale au **château de Montfort**, dont les ruines du XIIIe siècle dominent les vallées de la Dandarge, de la Ronce et de la Louère. Est-ce parce qu'il abrita le saint suaire durant vingt-huit ans, au XIVe siècle, qu'il est l'épicentre de légendes merveilleuses ? Devant la haute muraille aux trois tours, mon regard se porte vers la plus belle, la tour Amélie. On y découvre deux salles voûtées. Malgré son état ruiné, je surprends une tête sculptée sur un cul-de-lampe qui me fixe, grimaçante. Est-ce le démon du lieu ? Le château de Montfort fut construit en une seule nuit après que son seigneur eut pactisé avec le diable. En échange, celui-ci devait y avoir sa chambre : elle ne fut jamais terminée car un oiseau blanc, chaque nuit, y défaisait son œuvre. Il faut ensuite visiter la **forêt de Montfort** : elle est habitée par une louve blanche, fantôme d'Amélie, épouse d'un prince palatin de Landsberg. Son père fut assassiné ; en l'apprenant, Amélie de Montfort se défenestra depuis sa chambre. La restauration actuelle du château est instructive et présente, au fur et à mesure, ses découvertes dans l'une des salles de la tour Amélie. Une clé de voûte ressemble à un tailleur de pierre portant une fleur éclose. Un chaudron, tout proche, pourrait-il être le Graal ? On se croit au milieu de richesses trouvées dans une épave. En quittant les lieux, je suis heureux de voir qu'ici la vouivre ne réprime pas les curieux – grâce à l'oiseau blanc ?

Val-Sainte-Marie

Des forêts de sapins irritent des nuages qui tombent en joyaux : je sais que j'arrive dans le Morvan, pays de la « montagne noire ». Avant d'atteindre Arcy-sur-Cure, je fais un détour par l'un de ses hameaux, **Saint-Moré**. Au bord de la rivière, un sarcophage sert de bassin à une petite source. Les salamandres adorent cette fontaine : chaque automne, par dizaines, elles viennent s'y reproduire. Tout proche, on signale un puits de la Dame. Comme les citernes du Jura, le fond des puits de Bourgogne est un lieu trouble. Il est étonnant que ce puits soit celui d'une dame, d'une fée donc, car elles n'aiment pas y séjourner. Celles qui le font jouent avec notre mémoire : en y plongeant nos yeux, nous revivons notre enfance.

L'autre génie des eaux brillantes est le basilic – « petit roi », serpent à tête de coq. Il aime vivre dans les puits, d'où les mauvaises odeurs. Le plus important, lorsqu'on croise un basilic, est de ne pas le regarder en face. Pour un cas pratique, rendez-vous dans la **basilique de Vézelay** (à 14 km d'Arcy-sur-Cure). Haut lieu de la chrétienté, que l'on visite aujourd'hui pour ses jeux de lumière symboliques jusqu'à l'autel et pour sa crypte où reposent les reliques de Marie-Madeleine, cette basilique est un vrai grimoire pour le chasseur de légendes. Parmi nombre de sculptures fabuleuses, le chapiteau du septième pilier nord montre un homme qui avance vers le monstre – avec une sauterelle géante à ses pieds.

Pour se protéger du regard du basilic et le vaincre, il tient un vase de verre. Alexandre le Grand, lui, portait un grand bouclier en miroir lorsqu'il affronta les basilics durant sa conquête de l'Inde.

Oubliant ces petits rois, je monte vers l'ancienne voie romaine d'Agrippa, et redescends au cœur du village. Toute cette vallée de la Cure, à l'intersection des routes d'Agrippa et de Saint-Jacques-de-Compostelle, jouit d'une aura particulière. Aux **grottes d'Arcy**, furent découvertes des fresques vieilles de vingt-huit mille ans. La grande grotte, la seule ouverte au public, compte les plus anciennes décorations en France après celles de Chauvet. Les premiers habitants d'Arcy auraient deux cents mille ans.

Fort est le magnétisme de **Val-Sainte-Marie**, autre hameau d'Arcy-sur-Cure, surtout près de la Cobarde, une maison forte du XIIe siècle. Je compte au moins quatre tours jaunes mangées par les arbres. Des boutons-d'or au milieu de silènes font un drapé dessous, comme une ronde de follets. L'ipomée court sur les murets. Des moineaux se baptisent dans les feuilles trempées. Je reviendrai tout à l'heure dans ce lieu, tant j'aimerais le représenter si j'étais peintre, à toute heure du jour et de la nuit. Suivant la Grande-Rue, je monte vers le **manoir du Chastenay.**

(...) la demeure est bâtie sur un lac souterrain.
C'est tenter la vouivre que d'avoir osé cela...
Ce lac est relié aux grottes plurimillénaires,
distantes de quelques mètres, par un passage secret.

La demeure se cache derrière deux escaliers de pierre, dont le second porte trois marches, comme les trois degrés de la connaissance. Son donjon, la tour Saint-Jean, s'élève au milieu d'un édifice si parfait qu'il tiendrait dans un cercle tracé au compas, tel *L'Homme de Vitruve* de Léonard de Vinci. À droite, une échauguette veille sur le parc. C'est peut-être depuis cette guérite de pierre que l'ancienne servante surprit le seigneur enterrant son trésor. Pour la dissuader de se répandre, on lui coupa la langue, en plusieurs coups d'épée. Depuis le XVIe siècle, son fantôme se penche parfois aux fenêtres. Je les observe donc, une à une, comme si elles contenaient un fragment de sa vie.

Le comte Gabriel de La Varende est mort maintenant ; il connaissait parfaitement l'histoire de sa maison, qu'il nommait « Château-Fée ». Cet ancien château du Lys au XIe siècle –, mitoyen de la Cobarde, est fondé par le templier Gibaud d'Arcy. L'Ordre supprimé, le manoir revient à l'alchimiste Jean du Lys.

Celui-ci fait édifier le corps principal par les ouvriers de la confrérie des Frères bâtisseurs de Jérusalem. Le manoir présente de nombreux signes et symboles alchimiques. Par exemple, la tour Saint-Jean comporte trois étages – les trois étapes du grand œuvre, avec salle de l'apprenti au rez-de-chaussée, salle du compagnon au deuxième et laboratoire du maître au troisième, où une petite fenêtre laisse passer, au solstice d'été, un rayon de soleil qui déclencherait un feu dans la cheminée. Trois visages de pierre, les Trois Sages, ornent l'entrée de cette tour Saint-Jean. Au linteau de la porte, parmi eux, les alchimistes reconnaissent leur maître, Nicolas Flamel. Autre curiosité : la demeure est bâtie sur un lac souterrain. C'est tenter la vouivre que d'avoir osé cela… Ce lac est relié aux grottes plurimillénaires, distantes de quelques mètres, par un passage secret. Le manoir n'étant plus ouvert à la visite, je reviens du côté de la Cobarde.

Ce val Sainte-Marie donne l'impression de lire derrière l'épaule d'une fée. **La Cobarde** est d'autant plus séduisante qu'on ne peut y accéder. Une petite porte semble y mener. Je longe l'enceinte, espérant provoquer mon incursion dans l'autre monde. Quand je m'arrête au milieu du chemin, je ne sais pourquoi, je prends mon carnet et note : « invite singulière » ; au même instant, un papillon se pose sur ma veste, en manière de broche. C'est un papillon belle-dame, orange et noir. Ferais-je incursion dans son royaume ? Oui, si je glissais, comme dans les contes, sur un peigne d'or. Vraiment, la Cobarde doit être le siège d'une fée. Elle s'y retranche avec sa cour. Un grand nuage vert s'est couché dans la ruine, qu'il boit. La nuit, le nuage s'évapore et dévoile les mystères du val. Alors s'ouvre le Temps subtil ; et les orties, les fougères, qui de tout côté du chemin me font comme des impositions saintes, me diraient : « Quelle joie de te revoir ! » Pour l'heure, des ronces me griffent, et je les imagine ramper vers moi, demain matin, avec un morceau de chair en grelot : « Tu as oublié ceci. »

Arcy-sur-Cure

Accès — *À 17 km de Vézelay et à 30 km d'Auxerre, gare TER d'Arcy-sur-Cure.*

Visite — *Le manoir du Chastenay ne se visite plus actuellement, mais reste le point de départ d'une superbe promenade jusqu'aux grottes d'Arcy (1,5 km via la D606), dont les peintures comptent parmi les plus anciennes au monde.*

Basilique Sainte-Marie-Madeleine de Vézelay

Accès — *Gare TER de Sermizelles-Vézelay puis bus LR505 jusqu'à Vézelay.*

Visite — *Visite libre tlj. 8h-20h, sauf lors des offices religieux. Visite guidée par les frères et sœurs de Jérusalem : avr.-oct. dim. 14h30-15h45 ; tarif 5,80 €.*

+DANS LE BOURBONNAIS

L'allée des Géants

Près de Vichy, entrez dans la Montagne bourbonnaise par la forteresse des Templiers. Suivez le Sichon depuis la grotte des Fées jusqu'à une allée peuplée de géants. Vous laisseront-ils passer ? Si oui, ne criez pas victoire tout de suite : l'Écorcheur vous attend dans la descente.

C'est le 2 novembre, le jour où le vent lit à haute voix l'épitaphe des tombes. Un temps idéal pour visiter la Montagne bourbonnaise, vraie montagne magique, à quelques kilomètres de Vichy.

Je retrouve d'abord des amis dans la ville de **Cusset**, ancienne capitale de ce pays de l'Allier avant la gloire de Vichy, sous le Second Empire. Au moment de nous engouffrer dans la montagne, j'aperçois la chaîne des Puys comme une lignée de monstres bleus, à demi engloutie, scrutant la plaine de Limagne.

Cette Montagne bourbonnaise atteint 1287 m au puy de Montoncel. C'est ici la frontière entre l'Auvergne, le Bourbonnais et le Forez. Chaque matin de la Saint-Jean, les habitants venaient y allumer des feux. Notre première étape est **Busset**. Le village semble écrasé par sa forteresse. Celle-ci est fermée et je ne trouve qu'un troupeau de chèvres pour me renseigner. Un bouc s'approche et commence à limer la grille. Au loin se dresse la tour d'Orion, la plus imposante du château. C'était un observatoire. Au XIIIe siècle, la forteresse de Busset fut construite sur les ruines de la commanderie de Renaud de Vichiers, grand maître de l'Ordre. Deux hameaux des environs, les Murs-du-Temple et le Piégut, vivaient aussi dans l'ombre des forteresses templières. Pour disgracier l'Ordre, Philippe le Bel fit courir maints bruits. Peut-être est-il à l'origine de cette légende qui veut qu'autour de Busset les moines tuaient et mangeaient les nourrissons mâles, étouffés sous les yeux de leur mère. Un jour, l'un des moines se rebella et, dans une ferme, prit non pas un enfant mais un veau. La viande servie fut si délectable que le commandeur exigea du moine le nom de la famille « aux nourrissons aussi succulents ». Le moine dit la vérité. Le commandeur ravala sa colère et décréta la viande de veau préférable à celle des enfants. Dès lors, les familles paysannes du Bourbonnais purent vivre sans crainte.

Par un lacis de petites routes, nous atteignons la commune de **Ferrières-sur-Sichon**, riche de plusieurs hameaux. Dans celui du Recost, dominant la Vareille, se dressent les ruines du **château de Montgilbert**. Un chantier de restauration s'en occupe, mais on peut se promener librement au milieu des pierres. J'y retrouve des facéties d'enfant. Mais quand deux pans d'un mur écroulé font mine de se battre, je retombe dans ma rêverie. N'est-ce pas qu'un baron de Montgilbert vendît son âme au diable contre puissance et richesse ? À sa mort, le diable vint réclamer son dû au baron, qui le lui refusa. Ils se battirent. La puissance du baron était telle qu'ils combattaient à armes égales, et que la nuit ne put les départager. Parfois, les ruines de Montgilbert résonnent de cette lutte éternelle.

Autour de nous, les oiseaux filent comme des flèches décochées depuis les arbres. Qui nous surveille ? Plus étrange : les troncs des sapins portent des squames, comme des écrits cunéiformes. Un codex est là, apocryphe, sous des dorures de parmélies. Peut-être un souvenir de Glozel ? En 1924, dans ce hameau de Ferrières, à un kilomètre des ruines de Montgilbert, des adolescents gardaient un troupeau de bœufs dans une friche nommée « champ des Morts ». Soudain, l'un des bœufs s'enfonça dans une cavité. En y entrant, les adolescents découvrirent plus de trois cents objets antiques : aux côtés d'armes, d'urnes et de statuettes d'idoles, il y avait des tablettes gravées d'un alphabet jamais compris.

« Autour de nous, les oiseaux filent comme des flèches décochées depuis les arbres. Qui nous surveille ?

Toujours sur le territoire de Ferrières, mais au hameau de Forest, vous pouvez atteindre la **grotte des Fées** depuis la D 122 (route de Thiers) si vous prenez un chemin boisé durant un kilomètre. À l'entrée de la grotte, un rocher s'allonge funestement. C'est une jeune fille, captive de la pierre. C'était la plus jeune des fées qui peuplaient le Sichon. Elle s'y baignait quand un faune, ne parvenant pas à la séduire, voulut l'enlever. Elle courut mais, acculée devant la grotte, ne put que se pétrifier. Elle n'a jamais trouvé la force d'en sortir. La partie accessible de la grotte des Fées présente une galerie de trente mètres, tout en cascatelles et stalactites. Les fées, qu'on nomme ici les « dames », sont ambivalentes. Certaines voulaient faire déborder le Sichon pour noyer les habitants de la vallée, mais une pierre se fendit, la Pierre-Encize, et ces mêmes fées moururent. Aussi farouches étaient les habitants de ces Bois-Noirs. On les disait à peine chrétiens, adorateurs de dieux païens auxquels ils sacrifiaient du bétail et même des humains, jusqu'à un siècle avancé.

Nous poursuivons notre route. Dans la montagne, la brume efface les éoliennes, ne laissant que des ailes perforant les cieux. Des magiciens cherchent des herbes sauvages. À **Saint-Nicolas-des-Biefs**, route de la Chabanne, au hameau de la Bletterie, nous arrivons au point d'orgue de notre aventure : l'**allée des Géants**. Ce chemin creux, que surplombe un calvaire, est jalonné de fayards (« arbres des fées »), hêtres tortueux âgés de quatre siècles. Ils sont tortueux à cause d'une taille en têtard, optée pour favoriser la coupe en fagots. Les boulets de cicatrisation ont créé ces monstres. Tel tronc écrase un groupe de damnés ; dans un autre niche une chauve-souris ; ici, un ogre enserre un trésor et blasphème ; là, une licorne se dispute la vérité d'un hippocampe. Le paysage est à l'écoute de notre imaginaire. De cette allée des Géants, une marche de vingt minutes peut conduire au rocher Pierre Châtel, d'où la vue embrasse toute la Montagne bourbonnaise, jusqu'au mont Blanc, visible par temps clair.

Remontant l'allée des Géants, je décèle une crispation. La forêt cache quelque chose. Le butin du silence ? Un silence de quatre siècles, lourd de prières qui rendaient ces géants plus combatifs. Chaque humain qui les regarde longtemps peut les ressusciter. Ailleurs dans la montagne, laissez-vous mener, par intuition, vers des pierres ornées de gravures de mains, aux doigts écartés ; elles attendent l'impression des vôtres.

« *Là, un ogre enserre un trésor et blasphème ; ici une licorne se dispute la vérité d'un hippocampe. Le paysage est à l'écoute de notre imaginaire.* »

LE FANTÔME DE LUCIE

À Veauce (à 27 km de Vichy), les tours gothiques du château semblent bien instables. Deux dragons combattraient-ils à mort au-dessous, comme chez le roi Vortigern ? N'est-ce pas dans l'une des tours de ce château que se tient le petit mémorial d'une sage-femme du XVIIe siècle, injustement accusée d'avoir tué des nourrissons et qui fut, pour cela même, exécutée ? Dans les années 1980, le propriétaire du domaine, le baron Ephraïm Tagori de la Tour, ancien soldat de la bataille de Stalingrad, dit avoir dans ses insomnies rencontré le fantôme de Lucie, le génie du lieu. Au XVIe siècle, elle fut jetée aux cachots de la Tour mal-coiffée par l'épouse de son amant, le seigneur Guy de Daillon. Elle y mourut de faim. Un premier témoin, le baron Amable Blich de Veauce, l'aperçut au XVIIe siècle, entre la Tour mal-coiffée et la tour de l'Horloge.

Visite — *Château de Veauce : ne se visite pas pour l'instant, restauration en cours.*

Nous quittons la montagne au moment où elle rejoint le Livradois-Forez. Le village que nous traversons est plein de volets clos. C'est **Châteldon**. Pendant la guerre de Cent Ans, son château appartint à Rodrigue de Villandrando, aventurier espagnol, dit «l'Écorcheur». Chef mercenaire, maître dans l'art du pillage, il fut tué dans la salle à manger. Plus tard, Châteldon vit naître un esprit plus diabolique encore, Pierre Laval. Sous le régime de Vichy, il en fut même le châtelain.

Au loin, les vents tirent la langue. Des arcs-en-ciel s'effacent à mesure que nous les regardons. Quelques coups de feu résonnent. Nous sommes à la veille de la Saint-Hubert, et les chasseurs sont de plus en plus nombreux, à chaque virage. La tempête qui s'annonce largue ses premiers chiens. Nous restons muets. En nous parlant, le lendemain, nous aurons tous les trois l'impression d'avoir quitté un songe tenant autant du cauchemar que du rêve. Il nous est venu des images de *La Chasse du comte Zaroff*, où les invités d'un repas deviennent le gibier du comte.

Montagne bourbonnaise

Accès — *À 10 km de Vichy (gare Intercités, TER).*

Visite — ***Château de Montgilbert :*** *accès libre.* ***Allée des Géants :*** *accès libre ; départ de plusieurs circuits de randonnée (3-12 km).* ***Grotte des Fées :*** *visite libre avec fiche et clé à retirer à la Maison de la vallée du Sichon (Ferrières-sur-Sichon).* ***Musée de Glozel*** *(Ferrières-sur-Sichon) : juin-sept. dim 13h30-17h30 ; 04 70 41 12 96, www.museedeglozel.com*

HERBIER DE POCHE

Certaines plantes, cueillies en de certains jours, prodiguent des pouvoirs extraordinaires. Longtemps, les plantes ont été les seuls médicaments dans les campagnes : c'était l'âge d'or des apothicaires.

Plantes diaboliques

Attention aux buissons de houx, comme aux champignons qui poussent en cercle. La stramoine et la belladone sont deux herbes du diable. Au XVIIIe siècle, la belladone était qualifiée d'*Atropa belladonna*, fleur d'Atropos (la Parque qui sectionne le fil de la vie). Dans les forêts de Meudon et de Fausses-Reposes (p. 92), l'herbe d'or vous fera perdre le sens de l'orientation. Dans le Jura, près de Poligny (p. 167), c'est le plantain qu'il faut redouter. Demandez un remède au lutin Babre ; il vous dira d'inverser vos chaussures – quand il ne faut pas, en plus, retourner sa veste.

Avec modération !

La Montagne bourbonnaise (p. 181) est fertile en matagots (autre nom de la mandragore) : récoltez-les sur les talus avant minuit. Ils vous feront courir plus vite si vous les frottez sur les mollets : d'où le nombre de cyclistes dans les environs... Le gui des Gaulois devint le rameau des chrétiens. La verveine est aussi excellente. Quand on plante les bois d'un cerf, les andouillers, il pousse deux plantes : la menthe et l'asperge (selon Cantimpré). Le thym sauvage est délicieux, les abeilles en sont friandes, et chacun sait que les abeilles sont conseillères des fées. D'ailleurs, l'aubépine est la résidence des fées, par définition, comme le hêtre, le fayard de la forêt de Lyons (p. 110). Certaines plantes sont peu communes : la grande fougerole dite « mandriale » se trouve dans les rochers de la Fauconnière, au cap Fréhel (Côtes-d'Armor), et nulle part ailleurs.

Plante-chat

Près de l'abbaye de Maillezais (p. 222), sous les trognes du Marais poitevin, les moines cultivaient la mandragore. Cette plante a une forme humaine, avec un corps de félin et la queue de Mélusine. On crut longtemps que cette « herbe de Circé » poussait sous les gibets, grâce à la poussière des pendus. Lorsqu'on la coupe, elle crie horriblement. Cela dit, elle supprime les douleurs et agit comme un aphrodisiaque. Le matagot, décrit plus haut, est l'autre nom de la mandragore, quand il ne désigne pas, en premier lieu, un chat noir (dit « chat d'argent »), cousin du Chat botté.

LA BOUCHE D'OR

Au Ier siècle, l'empereur Claude vint jusqu'au mont Anis consulter un oracle. Sur le rocher de Polignac, il s'inclina devant le masque d'un dieu barbu – Apollon pour les uns, Poséidon pour les autres – percé d'un trou à l'endroit de la bouche. Cette bouche communiquait avec un puits, porte-voix du dieu. Au XIXe siècle, Prosper Mérimée – lui-même auteur de contes surnaturels et inspecteur général des monuments historiques – descendit dans le puits de l'oracle. Il y découvrit une grande salle carrée, en croisée d'ogives, toute d'arcades et de piliers. De quelle époque date cette pièce? Le masque est toujours exposé au château de Polignac. Quant au puits de l'oracle, est-il l'une des nombreuses portes vers les enfers qui font la gloire de l'Auvergne chez les chasseurs de légendes? Autre porte possible : le puits de l'Abîme, son jumeau dans la cour du château. Aucun document ne nous renseigne sur la construction de ce dernier, profond de quatre-vingt-trois mètres. Peut-être a-t-il fait l'objet d'un pacte diabolique, comme il en va pour certains ponts.

« QUANT AU PUITS DE L'ORACLE, EST-IL L'UNE DES NOMBREUSES PORTES VERS LES ENFERS QUI FONT LA GLOIRE DE L'AUVERGNE CHEZ LES CHASSEURS DE LÉGENDES ? »

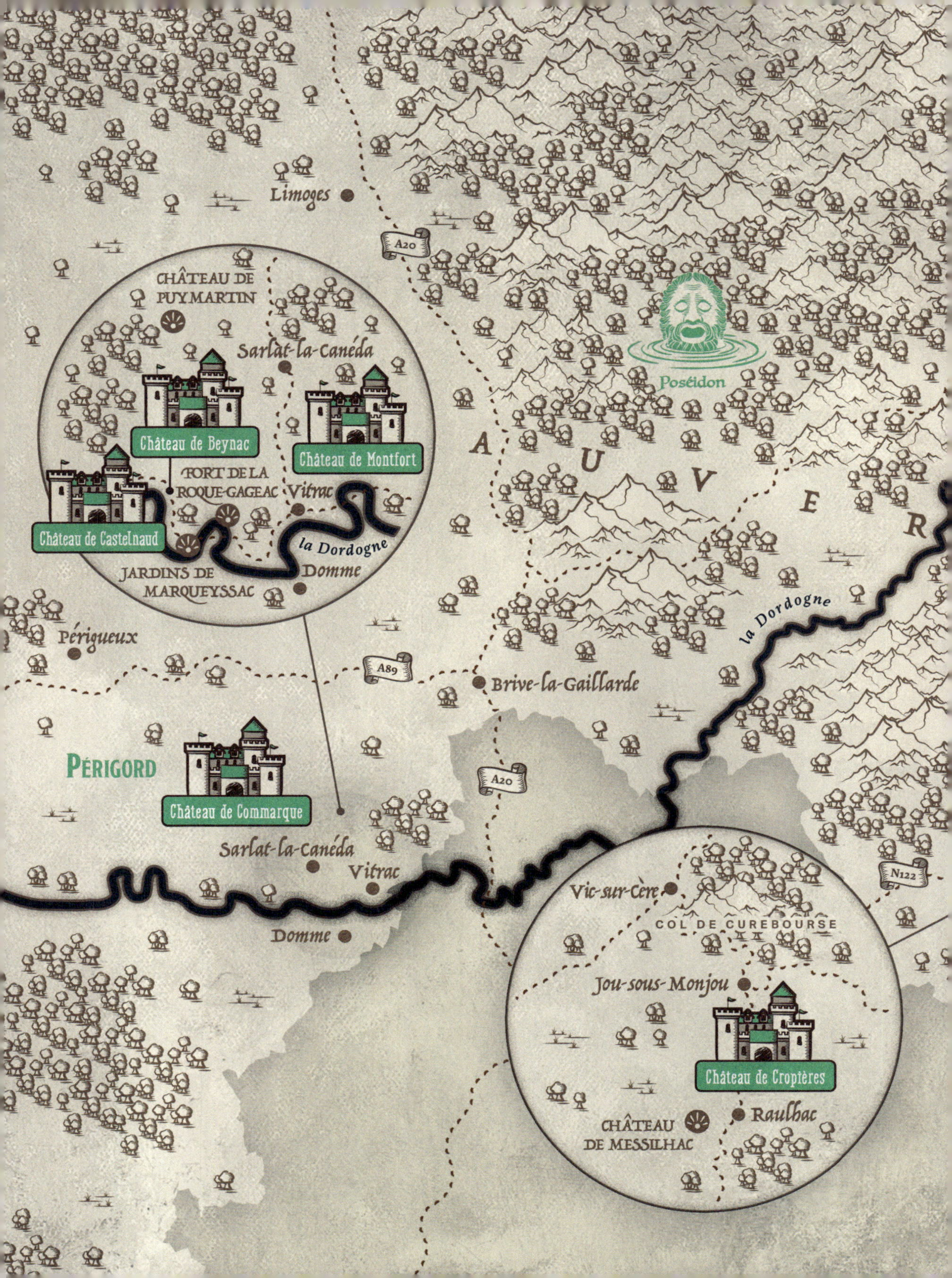

Limoges
A20
CHÂTEAU DE PUYMARTIN
Sarlat-la-Canéda
Château de Beynac
Château de Montfort
FORT DE LA ROQUE-GAGEAC
Vitrac
Château de Castelnaud
la Dordogne
JARDINS DE MARQUEYSSAC
Domme
Poséidon
A U V E R
la Dordogne
Périgueux
A89
Brive-la-Gaillarde
PÉRIGORD
Château de Commarque
A20
Sarlat-la-Canéda
Vitrac
Domme
Vic-sur-Cère
COL DE CUREBOURSE
N122
Jou-sous-Monjou
Château de Cropières
CHÂTEAU DE MESSILHAC
Raulhac

A75
Clermont-Ferrand
A89
l'Allier
la Loire
la Dordogne
Issoire
CHÂTEAU DE VILLENEUVE
Brassac-les-Mines
PARC NATUREL RÉGIONAL
DES VOLCANS D'AUVERGNE
LE VELAY
Château de Lavoûte-Polignac
CHÂTEAU D'AUROUZE
Massiac
N
E
N122
N102
N88
Retournac
Neussargues
Murat
l'Alagnon
GROTTES DE
ROCHELAMBERT
l'Allier
CHÂTEAU
DE POLIGNAC
Le Lioran
Le Puy-en-Velay
Vic-sur-Cère
A76
CARLADÈS
la Truyère
N88
CHÂTEAU
D'ARLEMPDES
CHAPELLE SAINT-MICHEL
ROCHER CORNEILLE
CATHÉDRALE
NOTRE-DAME-DU-PUY
Le Puy-en-Velay

+EN VELAY

Au milieu des plus anciens volcans d'Auvergne, une cité vit sous l'œil d'une Vierge noire. Autour, des grottes et des lacs de cratère servent d'abris et de baignoires aux tribus d'hommes sauvages.

Le Puy-en-Velay

Après Retournac, le paysage que je traverse en longeant la Loire est une vraie porte des enfers. Nulle part ailleurs qu'en Auvergne, on ne situe tant de « bouches du diable ». Les créations du malin dorment ici : les plus anciens volcans du pays, dont les cratères emplis d'eau sont devenus des maars. Mon trajet s'arrête au Puy-en-Velay, au pied de l'ancien mont Anis, dominé par le rocher Corneille, épine dorsale d'un monstre ignoré. Tout dragon sorti d'un grimoire n'aurait d'autre repaire en France que ces monts du Velay. C'est un appel au refuge. Dans ces grottes plurimillénaires vivent les hommes sauvages et les centaures – une centauresse orne d'ailleurs un chapiteau du cloître de la cathédrale.

Au Puy, le noir de la roche contraste avec la couleur des maisons jaunes, ocre, terre de Sienne... On se croirait presque à Rome. Il y a plus de deux millions d'années convulsaient ici les eaux d'un immense lac. Des explosions sous-marines formèrent peu à peu ces rochers terribles, ces cônes éruptifs. J'avance vers le plus fantastique d'entre eux, le **mont Anis**. Le Puy est le plus ancien sanctuaire marial de France, avec la ville de Chartres. La cité marque aussi le début de la *Via Podiensis*, l'un des quatre chemins menant à Saint-Jacques-de-Compostelle. Mais le mont Anis, où s'élève aujourd'hui la **cathédrale du Puy** – un rêve byzantin par son architecture –, fut longtemps druidique, et si irréductiblement que les Romains préférèrent s'installer à Saint-Paulien avant, finalement, de s'y établir autour du VIIe siècle. Alors, *Anicium* devint *Podium*, puis Le Puy. La route de l'étain, qui passait par là, était la plus sûre du Massif central pour rallier Nîmes, Marseille et Saint-Jacques-de-Compostelle.

Je rejoins la cathédrale par la rue des Tables, et gravis les cent trente-quatre marches de l'« **escalier du ventre** », ainsi nommé car il mène à l'intérieur du sanctuaire, jusqu'à l'autel, nombril de la cathédrale. Au-dessus du maître-autel est exposée une étrange **Vierge noire** du XVIIe siècle ; mais si intéressante soit-elle, elle n'est pas la Vierge noire rapportée de croisade par Saint Louis, brûlée par les révolutionnaires en 1794. Celle-ci était en bois de cèdre, couverte de bandelettes. Son nez était démesuré, son regard de perles vertes. Lorsqu'elle fut portée aux flammes, elle fit apparaître une cachette dans son dos ; de cette cachette, un parchemin glissa et se consuma. Plus tard, dans les cendres, on découvrit un jaspe en vermeil couvert de hiéroglyphes. À quelle mystérieuse Égyptienne appartenait-il ?

Château de Polignac

Accès — *Polignac, à 3 km du Puy-en-Velay.*

Visite — *7 fév.-mars et 1er-13 nov. : tlj. 10h-17h ; avr.-juin et sept.-oct. : tlj. 10h-18h ; juil.-août : tlj. 9h30-19h. Tarif 6 €. 04 71 04 06 04, www.forteressedepolignac.fr*

L'autre énigme de la cathédrale est la « **pierre des Fièvres** », visible à droite de l'entrée, dans la chapelle du Saint-Crucifix. C'est elle qui favoriserait les apparitions de la Vierge. Avec l'édit de Milan (313) de Constantin le Grand et la fin de l'Empire romain d'Occident (475), le christianisme gagne les campagnes d'une manière brutale, entraînant, par exemple, la destruction de mégalithes et le maquillage des dieux des fontaines. D'autres missionnaires, plus astucieux, convertissent les dolmens en croix de pierre ou les incrustent dans l'autel des églises, comme la pierre des Fièvres. Aussi nommée « pierre des Apparitions », elle possède un pouvoir thérapeutique loué au moins depuis l'an 1020. Qui se couchait sur ce morceau de roche magmatique, dans la nuit du vendredi au samedi, guérissait sa paralysie. Aujourd'hui piédestal d'une statue de la Vierge à l'Enfant, elle trônait avant d'intégrer la cathédrale du Puy sur le rocher Corneille, sommet du mont Anis.

Par la montée Gouteyron, puis en suivant la rue du Rocher, je rejoins la vieille ville du Puy jusqu'aux abords du **dyke d'Aiguilhe**, ancienne cheminée de cet ensemble volcanique. Au sommet du dyke, autrefois consacré à Mercure, brille une **chapelle** au toit de minaret, dédiée à l'archange Michel. On dirait une lionne campée sur les hauteurs. Dans l'ombre du roc, je pense au génie du lieu. C'était une jeune fille du Puy, accusée d'avoir perdu sa virginité. Elle voulut prouver sa bonne foi, et sauta du rocher. Indemne, elle renouvela son acte. Le second saut lui fut fatal.

Le Puy-en-Velay

Accès — *Depuis Clermont-Ferrand, A75 et N102 ou train (gare TER).*
Visite — ***Cathédrale Notre-Dame-du-Puy :*** *15 mai-15 sept. tlj. 9h30-18h30 ; 16 sept.-14 mai tlj. 9h30-12h15 et 14h-17h. Tarif 6 €. 04 71 05 45 52, www.cathedrale-puy-en-velay.fr*

« *Au sommet du dyke, autrefois consacré à Mercure, brille une chapelle au toit de minaret, dédiée à l'archange Michel.*

On dirait une lionne campée sur les hauteurs. »

Les hommes sauvages

Le château de Lavoûte-Polignac (à 13 km du Puy-en-Velay), dans le bassin d'Emblavès, fait songer aux Carpates. Pourtant, il est le deuxième château de la Loire. Le premier est celui d'Arlempdes, à trente-sept kilomètres plus au sud, où le cimetière des Druides est gardé par une dame blanche. À dix kilomètres de Lavoûte, le site de la Rochelambert est encore hanté par l'homme sauvage, qui peuplait ses grottes, selon George Sand. La symbolique voit les hommes sauvages comme des géants hirsutes. Le plus célèbre reste Myrddin Wyllt, qui inspira le personnage de Merlin l'Enchanteur. Les hommes sauvages sont intégrés au blason de la famille Rochelambert ; on les retrouve aussi au fronton d'une maison à Thiers (Livradois) ou au château de Meillant (Berry). Dans ce dernier cas, ils portent l'écu des Chaumont-d'Amboise : symbole propitiatoire assurant, en principe, leur fécondité.

Château de Lavoûte Polignac

Accès — *Gare TER de Lavoûte-sur-Loire, à 25 min du Puy-en-Velay.*

Visite — *Vacances de Pâques : tlj. 10h-12h et 14h-17h ; mai : sam.-dim. 10h-12h et 14h-17h ; juin-sept. : tlj. 10h-12h et 14h-18h ; vacances de la Toussaint : sam.-dim. 10h-12h et 14h-17h. Visite guidée uniquement (45 min). Tarif 8,50 €. 04 71 08 50 02.*

> *Tout dragon sorti d'un grimoire n'aurait d'autre repaire en France que ces monts du Velay.*

Je suis moins curieux de découvrir la chapelle que d'admirer le panorama qui s'offre au regard depuis le sommet du rocher. Le décor est surréaliste : par-dessus les maisons récentes, le centre hospitalier... – Le Puy est bien la préfecture de Haute-Loire – veillent trois géants de lave. J'essaie de deviner, sur le mont Anis, le visage d'Henri IV : il apparaîtrait dessiné par les rochers, selon un angle précis. La végétation pousse entre les roches, on dirait des éponges qui absorbent le basalte. Derrière moi, je sens l'ombre du **volcan Denise**. Dans ses pentes fut trouvé un homme fossile, du chelléen ou préchelléen, longtemps plus anciens restes humains découverts en France. De toute évidence, la région du Velay est, avec le Périgord, un berceau primitif. Un autre signe l'atteste : les grottes. Elles sont nombreuses dans les environs, et on en a trouvé dans le rocher Corneille et le dyke d'Aiguilhe.

Je redescends vers Le Puy. Après un pont, derrière un lampadaire, au-dessus d'un rond-point dérisoire, le dyke d'Aiguilhe est une vision que Dante lui-même n'aurait pas située dans les cercles de l'Enfer : une cheminée plutonienne, encombrée de vapeurs scoriaques.

Chapelle Saint-Michel

Accès — *Le Puy-en-Velay, escalier d'accès rue Chosson (268 marches).*

Visite — *12 mars-avr. et oct.-13 nov. : tlj. 9h30-17h30 ; mai-juin et sept. : tlj. 9h-18h ; juil.-août : tlj. 9h-18h30 (visite nocturne en août) ; 26-31 déc. : tlj. 11h-17h. Tarif 6 €. 0471095003, www.rochersaintmichel.fr*

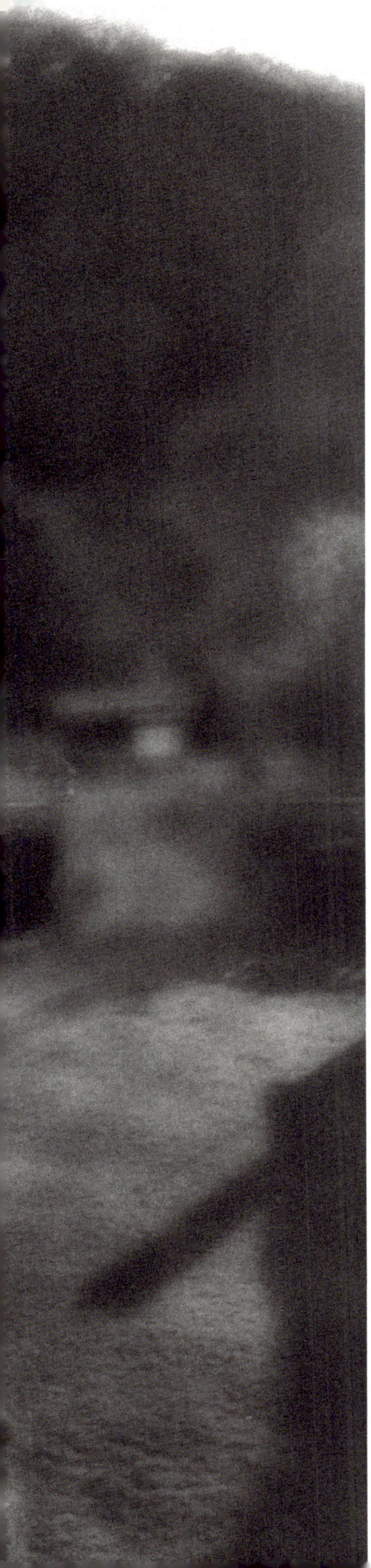

+EN CARLADÈS

Dans les monts si féroces du Cantal, voici le berceau d'une duchesse, favorite de Louis XIV. Son château est le cadre des plus somptueuses fêtes surnaturelles de France.

Le château de Cropières

Ce sont de jolis bois tout diaprés que longe le premier train depuis Clermont-Ferrand. Les eaux qui miroitent sont encore celles de l'Allier. Dans ce pays de Lembron, je pense au château de Villeneuve, hanté par la Baraille (p. 138), l'une des rares dames jaunes qui peuplent la France. Voilà ce que donne une enfance passée dans les *Guides noirs* des éditions Tchou : chaque nom de lieu ou de province éveille des visages de fées et de fantômes, des paysages de ruines et de pierres druidiques.

Après Brassac-les-Mines, le paysage se complique. Je quitte les plaines du Puy-de-Dôme et entre dans le chaos de Haute-Loire. Le doux Allier s'éloigne ; une rivière plus sombre se déplie, anneau après anneau : l'Alagnon. Elle attire les éboulements, comme une sirène. Juste après un tunnel, perchées sur un cône de Molompize, surgissent les tours du **château fort d'Aurouze**. Quelle vision ! Après Neussargues, et un changement de train, débute la partie la plus fascinante du trajet. Murat, le Lioran... Le train file comme un bateau fantôme entre des sapins immenses. Tout s'exagère. Les monts du Cantal froncent les sourcils. Lorsque le convoi s'arrête à **Vic-sur-Cère**, je me hâte de gagner ma chambre d'hôtel. Soit que le paysage m'ait effrayé ou qu'il m'ait enthousiasmé : j'ai l'impression d'en avoir trop vu, de connaître davantage que je n'aurais dû, et qu'un pas de plus à cette heure pourrait m'estropier – n'est-ce pas le tribut payé au dieu forgeron Vulcain ? Heureusement, l'hôtel Saint-Joseph, qui surplombe le village, dans un ancien château, est une pension des plus chaleureuses.

La nuit est pleine de songes étranges, d'un lieu nommé « forêt des Remords », où de gigantesques sapins couvrent dans leurs cimes un fatras d'objets tranchants. Quand ils tombent, une voix prévient : « Ne te retourne jamais ! » ; et me rappelle tant de mythologies infernales.

Château de Cropières

Accès — *Raulhac, à 11 km de Vic-sur-Cère (gare TER). Passage du GR 465 (de Murat à Conques) au-dessus du château, avec superbes vues sur la vallée du Goul.*

Visite — *Privé. L'escalier du château n'est qu'exceptionnellement ouvert à la visite, mais l'ensemble se voit de la route, ancien chemin de Cluny à Saint-Jacques-de-Compostelle.*

CHÂTEAU DE MESSILHAC

Le château de Messilhac (commune de Raulhac) est à 3 km de celui de Cropières : dans la légende, le fantôme de son seigneur est d'ailleurs un participant de la fête de Mme de Fontanges. On peut le visiter du 15 juin au 31 août, tous les jours sauf le samedi. 06 72 71 79 85, www.chateau-messilhac.com

À l'aube, j'assiste au lever du soleil sur les monts de Vic-sur-Cère. Puis je prends la direction de Raulhac. Au col de Curebourse, je frémis : voici les sapins qui hantaient mon rêve ! Quel est cet ancien repaire de brigands ? Et c'est comme une limite franchie ; après le col, le paysage se radoucit : les coupants sommets de la Cère s'apaisent en jolis monts, coiffés d'arbres qui chantent en perdant leurs feuilles.

Nous sommes à quelques envolées du Lioran et des monts du Cantal ; mais, ici, tout repose. Les rocs n'ont plus leur faciès de monstre endormi. C'est la vallée du Goul, un berceau qui sourit. Et comme dans tout berceau, je compte mes marraines ; elles rient dans l'essaim des feuilles et soufflent dans les germes de brume.

Entre le hameau de Las Doulours et le ruisseau de la Beauté, les nuages font des morceaux d'étoffes, petits rubans pâles sur le chapeau de lauze qu'est le toit du château de Cropières. Cette légèreté est compromise par deux lions d'andésite qui annoncent les portes du Languedoc et de la Provence (j'en affronterai de plus rudes en pays d'Arles ; p. 242). Au-dessus, un buste de Louis XIV regarde plus loin, vers Raulhac. Une seconde limite s'établit ici ; elle correspond peut-être au dernier jour de l'automne véritable – demain, entrons-nous déjà dans l'hiver ? Un pareil jour d'octobre, mais en 1678, une chanoinesse vint frapper à la porte du château de Cropières. Elle devait mener sa nièce, Marie-Angélique de Scorailles, future duchesse de Fontanges, dans les bras de Louis XIV. Peut-être victime de l'affaire des Poisons – la Montespan en faisait une ennemie déclarée –, Mme de Fontanges mourut en couches à l'âge de vingt ans. Depuis, des fêtes surnaturelles animent son château natal. Chaque samedi y résonnent des bruits dignes d'un sabbat, dit-on. Des cors de chasse se répondent, des chevaux s'ébrouent, des verres s'entrechoquent ; des baisers, même, sont échangés par les fantômes. Le monde invisible chante et danse ; puis, à l'aube, les bruits s'éloignent, titubent vers l'au-delà. Longtemps, personne n'accepta de travailler dans ce château : « On n'y dort pas tranquillement avec leur sabbat de démons », affirmaient les paysans. L'escalier du château, surmonté de balustres en pierre d'andésite, fut offert par Louis XIV à la duchesse de Fontanges. Le buste du monarque le domine, sous l'apparence du dieu Mars. Certains jours, frôlé par certaines lumières, il verse des larmes. Les trois heures que je passe à Cropières me permettent de voir, minute après minute, l'ombre des balustres évoluer sur cette terrasse : elle dessine comme des grilles de pénitence.

Il me semble commettre une faute en quittant cet endroit. Les feuilles se détachent à vue d'œil et imitent le blond vénitien de Marie-Angélique. Sur un arbre mort, cinq corneilles se perchent comme les premières notes d'un *Lacrimosa*. Demain, j'aurai regagné la région de Versailles, où le soleil brûle aussi absolument.

« *Depuis, des fêtes surnaturelles animent son château natal. Chaque samedi y résonnent des bruits dignes d'un sabbat, dit-on. Des cors de chasse se répondent, des chevaux s'ébrouent, des verres s'entrechoquent ; des baisers, même, sont échangés par les fantômes. Le monde invisible chante et danse ; puis, à l'aube, les bruits s'éloignent, titubent vers l'au-delà.* »

+EN PÉRIGORD

D'après Gérard de Nerval, les donjons de Montfort, Castelnaud et Beynac, au bord de la Dordogne, sont le séjour d'une mystérieuse Brownia : tantôt dame noire, tantôt dame blanche. Je la chercherai aussi à Puymartin et Commarque, entre grottes et tourbières croqueuses d'hommes et de chevaux.

Bastide de Domme

Accès — *Domme, à 12 km de Sarlat-la-Canéda (gare TER).*
Visite — *Porte des Tours : avr.-sept. tlj. Visite libre ou guidée. Tarif 7,50 €.*

Château de Castelnaud – Musée de la Guerre au Moyen Âge

Accès — *Castelnaud-la-Chapelle, à 13 km de Sarlat-la-Canéda (gare TER).*
Visite — *Fév.-mars et oct.-13 nov. : tlj. 10h-18h ; avr.-juin et sept. : tlj. 10h-19h ; juil.-août : tlj. 9h-20h ; 14 nov.-janv. : tlj. 14h-17h. Tarif 11,90 € (10,90 € 14 nov.-mars) ; billet combiné avec les jardins de Marqueyssac. 05 53 31 30 00, www.castelnaud.com*

Dans le Sarladais

Au cœur du Puy-de-Dôme naît la Dordogne, qui déploie sa majesté en Périgord. Les gabarres qui l'empruntent troublent le reflet de trois châteaux terribles : **Montfort**, **Castelnaud** et **Beynac**. En retrait de la rivière, la cité de **Domme** est l'autre prouesse de cette « vallée des quatre châteaux ». Considérés comme des repaires de l'hérésie cathare, ils sont hantés, selon Gérard de Nerval, par la Brownia – une dame noire qui se pare ici de blanc. Comme Loreleï hante les bords du Rhin, la Brownia hante les rivages de la Dordogne.

Mon premier arrêt vise le cingle de Montfort (méandre très serré, du nom de la grande couleuvre que l'on trouve sur ces terres guyennaises). On ne visite pas le **château de Montfort**, mais ses différents visages s'admirent de plusieurs endroits. Au bas de la route des Bruyères, vous trouverez la Roche percée ; de là descend le chemin des Pêcheurs, qui vous fera passer sous l'édifice, le long de la grève. Mais pour un tableau plus complet du château, rejoignez l'autre rive, en passant par le pont de Vitrac : voici la presqu'île de Turnac, lovée dans un cingle de la rivière. C'est depuis Turnac que l'on voit le mieux le château de Montfort, un vrai phénix, maintes fois détruit, maintes fois reconstruit...

Son histoire est en grande partie liée à la croisade contre les albigeois. La présence des « cathares » (à l'époque, appelés « parfaits », « bonshommes » ou « bonnes femmes ») en Périgord remonte au début du XIe siècle. Au XIIIe siècle, leurs chefs, Bernard de Casnac et Alix de Turenne, son épouse, sont les châtelains de Montfort. Selon l'abbé Pierre des Vaux-de-Cernay, Alix coupait les pouces et les seins des femmes catholiques ; Bernard s'occupait des mains, des pieds, et crevait les yeux de leurs maris. La répression ne tarde pas. En 1214, après avoir vaincu le seigneur de Biron (au sud du Périgord), Simon de Montfort (l'homonymie est fortuite) s'empare de Domme, et de son donjon entièrement détruit. De nos jours, à Domme, on visite la **porte des Tours**, qui fut la prison des Templiers. Les murs sont couverts de leurs graffitis. Enfin, depuis la promenade de la Barre, la vue est l'une des plus belles du Périgord. Il n'est pas rare de croiser des montgolfières, à la même hauteur.

Bref, après Domme, le chef des croisés passe sur la rive droite de la Dordogne et s'empare du château de Montfort. Il détruit le fief des Casnac, dont toutes les pierres roulent dans la Dordogne. La fille du couple Casnac, Blanche, haïe de ses parents, y est découverte, abandonnée. Elle est brûlée vive. Souvent, aux derniers jours de juin, des flammes jaillissent des murailles et terminent en arc-en-ciel, dit la légende.

Je reprends la D 703, dans le creux des falaises et des maisons troglodytiques (les *cluzeaux*) ; je salue **La Roque-Gageac** à leur sommet, puis les **jardins de Marqueyssac**. Sur la rive gauche surgit le **château de Castelnaud**. Je suis le périple sanguinaire de Simon de Montfort, car, après avoir immolé Blanche dans le château de ses parents, le chef des croisés s'empare de la plus robuste des quatre bâtisses. Il n'a pas grand mal à le faire : comme le château est vide, il y établit une garnison. Mais le château est repris par Casnac l'année suivante, et les soldats de Montfort sont pendus. Puis la situation change en quelques semaines : Montfort revient, reprend Castelnaud et massacre ses occupants.

« *En quittant le domaine, je m'aperçois que ma montre a faibli ; les aiguilles ont ralenti d'une façon peu commune. Dans mon idée, cela a commencé au moment où j'approchais du pommier* mort. »

Château de Beynac

Accès — *Beynac-et-Cazenac, à 10 km de Sarlat-la-Canéda (gare TER).*
Visite — *Tlj. 10h-18h30. 05 53 29 50 40, www.chateau-beynac.com*

En dix minutes, j'atteins le **château de Beynac**, le plus fier des quatre châteaux de la vallée. Simon de Montfort ne put véritablement l'assiéger, car, si le baron de Beynac était vassal des époux Casnac, il était surtout proche du roi de France, Philippe Auguste, et n'avait jamais officiellement quitté les rangs de l'Église. Si, par principe, Montfort démantèle le château, il doit taire sa colère. Il qualifie Beynac d'*arca satana*, « arche de Satan ».

Je quitte les rives de la Dordogne pour m'enfoncer dans les forêts de chênes, percées de grottes et de *beunes* – le nom des rivières par ici. Après Sarlat, sur une colline du hameau de Marquay, pointent les tours du **château de Puymartin**. J'y retrouve une dame blanche. Au XVIe siècle, Thérèse a vingt ans quand son époux, Jean de Saint-Clar, s'en va guerroyer. Lasse, Thérèse s'éprend d'un autre homme. À son retour, le seigneur les découvre. Il tue l'amant et enferme Thérèse à perpétuité dans une pièce de la tour nord de Puymartin. Au bout de quinze ans, l'infortunée meurt de faim. Sa dépouille est emmurée. Certains visiteurs disent l'avoir rencontrée, sous l'apparence d'une dame blanche. Après la visite guidée, qui passe par un fascinant cabinet mythologique du XVIIe siècle, je me trouve seul à visiter le parc, et disparais, comme dans les contes de fées, entre les topiaires et les fruits du verger. L'impression est d'une rare douceur.

En quittant le domaine, je m'aperçois que ma montre a faibli ; les aiguilles ont ralenti d'une façon peu commune. Dans mon idée, cela a commencé au moment où j'approchais du pommier mort. J'ai touché comme le fond marin qui a perturbé l'aiguillage d'un baromètre. La montre n'était plus l'indicatrice d'une heure mais celle d'une pression, d'une profondeur d'écoute. Quel vaisseau d'oubli ai-je donc frôlé sous les girouettes de Puymartin ? Ce bout du parc est d'une splendeur symbolique. Il y a là le début d'une autre terre, d'un gazon plus subtil qui n'admet que les talons légers.

Je rentre. Le paysage de septembre crépite déjà. Les feuilles, grâce au vent, formulent des réalités plus douces encore que les nuages, parce que plus proches de moi, et finalement durables. Lorsque je repasse devant le cimetière de Vitrac, j'y plonge longtemps les yeux, comme si je cherchais à les y enfouir.

Château de Puymartin

Accès — *Sarlat-la-Canéda (gare TER), à 8 km du bourg.*
Visite — *Avr.-juin et sept. : tlj. 10h-18h ; juil.-août : tlj. dès 10h jeux et nocturnes variables selon les jours (le jeu immersif « Le Mystère de la dame blanche » permet l'accès à des pièces habituellement fermées à la visite) ; oct.-nov. : tlj. 10h-17h30. Tarif 10 € (jeu « Le Mystère de la dame blanche » 17 €). 05 53 59 29 97, www.chateau-puymartin.com*

Montgolfière du Périgord

Clos Saint-Donat, La Roque-Gageac. 05 53 28 18 58, www.montgolfiere-du-perigord.com

Le château de Commarque

Comme la forteresse de Largoët (p. 50), le château de Commarque est un monde à part, une enclave du passé. Pour l'atteindre, il faut laisser la voiture, puis entrer dans une forêt chuchotante. Après vingt minutes de marche entre les chênes et les hêtres, vous trouverez un petit pont sur la rivière, et le gigantesque château. Ce n'est pas une clairière, mais un autre continent : la **vallée de la Beune**. Dans les années 1960, seules quelques pierres du donjon de Commarque sortaient de terre. Après une restauration passionnée, chef-d'œuvre du comte Hubert de Commarque, tout l'ensemble médiéval a retrouvé le jour. Les enfants du comte, Aude et Jean de Commarque, poursuivent ce grand œuvre.

Le climat du Périgord est un délice, peut-être grâce à la couleur de sa pierre ocre qui semble faite de miel. Dans ce cas, les différentes pièces du château sont les alvéoles d'une ruche monumentale, car jusqu'au XVIe siècle six grandes familles du Périgord vivaient ici, au cœur du castrum, un ensemble de maisons nobles restées cachées pendant quatre siècles sous la terre. Au XIIe, sous Gérard de Commarque, le château était même une commanderie templière. La croix du Temple surmonte toujours l'ancienne chapelle Saint-Jean.

Si enchanteur que soit ce monde perdu, quelque chose vient *mordre* l'atmosphère. Voici la terrible histoire des lieux : au Moyen Âge, Bertrand de Commarque interdit à sa fille Isabelle de voir l'homme objet de ses passions, Jehan de Laussel : c'est un Beynac, une famille ennemie des Commarque. Malheureuse tout le jour, la jeune femme attend la nuit et monte guider son amant depuis le donjon, munie d'un simple fanal. Or, la rivière de la Beune, en contrebas, frange une immense tourbière ; un paysage croqueur d'hommes. L'une de ces nuits, le fanal tombe des mains d'Isabelle. Le cheval de son amant s'enlise et se noie avec son cavalier. L'amoureuse éplorée apparaît parfois sur le donjon ; le cheval, lui aussi, erre à la recherche de son maître. On a vu sa crinière flamboyer certains couchants. Des lapements qu'il fait dans la Beune émanent, en cercles, des visages attristés.

Mais voici le plus fort de la merveille : dans une **grotte** sous le château, on découvrit au début du XXe siècle la sculpture en bas-relief et grandeur nature d'un gigantesque cheval. Cette œuvre remonte au… Magdalénien, soit quinze mille ans avant Jésus-Christ ! Si la grotte n'est pas ouverte aux visiteurs, une salle au rez-de-chaussée du donjon vous explique en détail l'aventure et le résultat de ces fouilles.

Parvenant moi-même au sommet du **donjon**, je suis transporté à cette époque où les châteaux rivaux s'affrontaient, où les amants empruntaient l'escalier de lierre pour se parler. Sur cette plateforme, avec le château de Laussel en vue, je suis presque un souverain des nuits enchantées, ou une sentinelle qu'un vent d'antan a déposée et va reprendre. Peu de sites patrimoniaux, en France, sont si complètement coupés de toute modernité, et flanqués de falaises préhistoriques. Commarque est une véritable arche perdue à laquelle nous renvoie son étymologie. Lorsque je quitte la vallée, je regarde derrière moi à intervalles réguliers. Dans un tel cadre, nous nous demandons si tout ne va pas disparaître sous nos yeux – nous remiser, par la volonté d'un brigand sublime ou d'une Brownia, dans l'antre des jours perdus.

> « *(...) la rivière de la Beune, en contrebas, frange une immense tourbière ; un paysage croqueur d'hommes. L'une de ces nuits, le fanal tombe des mains d'Isabelle. Le cheval de son amant s'enlise et se noie avec son cavalier.* »

Château de Commarque

Accès — *Les Eyzies, à 22 km de Sarlat. Sur la D47, en venant de Sarlat, prendre à droite avant Les Eyzies ; suivre les indications « Château de Commarque » jusqu'à la route de Benives, puis prendre à gauche, route de Sireuil ; le château est fléché 600 m plus loin. Il se trouve à 500 m du parking (parking dédié aux personnes à mobilité réduite proche de l'entrée du site).*

Visite — *Mars-juin : tlj. 10h30-18h30 ; juil.-août : tlj. 10h-20h ; 1er-18 sept. : tlj. 11h-18h30 ; 19 sept.-21 oct. : tlj. 13h-18h ; 22 oct.-6 nov. : tlj. 11h-18h. Tarif 9,30 €. Visites guidées, nocturnes, activités (descente en rappel du donjon, escape game, tir à l'arc, au drapeau, sculpture sur pierre, calligraphie médiévale). 05 53 59 00 25, www.commarque.com*

LE CERF FONDATEUR

Dans les contes et légendes, le cerf blanc est un appât vers le monde féerique ; sa poursuite nous engage, peu à peu, vers l'autre monde. La rencontre d'une fée est souvent l'issue de cette chasse, quand ce n'est pas la fondation d'un sanctuaire. Roi de la mythologie celte, le cerf a donné son nom à Ossian, le barde écossais fantasmatique. Le cerf blanc devint ensuite l'image du Christ.

La fondation des abbayes

En Normandie, le comte Anségise chasse dans les bois, suit un cerf blanc et découvre un oratoire païen. Lorsque le cerf s'arrête, il fixe les chiens, qui restent mutiques. Anségise quitte son cheval. Le cerf, lentement, fait un cercle autour du lieu. Il trace les limites d'un temple avant de s'évanouir. Sur ces lieux mêmes, Anségise fonde l'abbaye de la Trinité de Fécamp. Quand ce n'est pas un cerf, c'est un sanglier blanc – celui de Richard sans Peur dans la forêt de Lyons (p. 110) – qui, à l'issue d'une course-poursuite, s'arrête à l'endroit où doit s'élever un lieu sacré, telle l'abbaye de Maillezais (p. 222), dans le Marais poitevin. C'est aussi lors d'une chasse au sanglier que Raymondin tue son beau-père, mais rencontre la fée Mélusine au bord de Soif-Jolie. Le sanglier est le symbole du druide, contre l'ours, symbole de royauté. La laie est peut-être l'animal le plus vénéré par les Celtes, symbole de la terre nourricière.

Les contours du mont Anis

« Levez-vous, ma fille, du lit où vous ne sauriez trouver la santé, et allez la chercher sur le mont Anis, où elle vous sera rendue », dit une dame blanche à une veuve incurable. On la porta jusqu'au sommet du mont Anis au Puy-en-Velay (p. 190). Elle trouva la pierre des Fièvres, s'y allongea et dormit. Un songe la favorisa sur cette pierre druidique, où elle vit la Dame, au milieu du chœur des anges : l'un d'eux lui affirma

qu'elle était la Vierge Marie et qu'elle lui accordait la guérison. Prévenu du miracle, saint Georges accourut, le 11 juillet, en ce milieu du IIIe siècle. Au sommet du mont, stupeur : il marche dans la neige. Un cerf, amusé, courait dans tous les sens. À la vue de saint Georges, le cerf s'immobilisa d'abord, puis traça l'enceinte d'un sanctuaire. Saint Georges, pour la mémoriser, la planta d'une haie d'aubépines. Il revint le lendemain, à l'aube. La neige avait fondu et l'aubépine formait une couronne virginale. Ce mont Anis renverrait à la *Black Annis* des monts du Yorkshire : une ancienne déesse païenne transformée en sorcière dévoreuse d'enfants... Souvenir de Dana, reine des *Thuatha dé Danann*, les « tribus de la Déesse », figure centrale du panthéon irlandais. Cette *Dea Ana* est liée à Diane, sous le visage lunaire d'Hécate. D'ailleurs, le faon n'est-il pas l'attribut de la déesse Diane ? Bref, la ressemblance du nom *Dana* avec la déesse romaine Diane explique sa présence répandue en France dans les mythes gallo-romains. À partir du Ve siècle, les Bretons gagnèrent l'Armorique et répandirent leur culte de Dana, qui devint parfois Anne. Tout se complique lorsqu'on sait qu'Anne est aussi le prénom de la grand-mère du Christ. En Europe, son culte connut un essor au XIIe siècle.

« Là où les cerfs perdent leurs bois »

Cantimpré nous dit, dans son *Bestiaire d'Oxford* : « Quand on a fait dans une maison des fumigations de cornes de cerf, les serpents et les loups s'en écartent. » Aristote dit que les cerfs perdent leurs bois dans des lieux toujours difficiles d'accès, certainement magiques, interdits au profane, consacrés, ce qui donne l'expression « là où les cerfs perdent leurs bois ». Les cerfs, toujours selon Aristote, enterrent leurs bois d'une certaine manière pour qu'on ne les retrouve pas, surtout la partie gauche de l'encornure, aux propriétés médicinales. Le cerf perd ses bois dès sa septième année. Il ne se montre pas durant cette période, il se sent vulnérable. Il ne faut donc pas chercher à le voir, comme la fée Mélusine.

LES TOURS DE MÉLUSINE

Poitou

Parce que Mélusine a enfermé son père dans une montagne, elle doit, une fois par semaine, se transformer en monstre, avec queue de serpent et ailes de chauve-souris. La douleur, si vive, l'oblige à se baigner, de l'aube au crépuscule. Une nuit, le beau Raymondin, par accident, tue son oncle, croyant le défendre d'un sanglier. Terrifié, il court au plus profond des bois. Là, au bord d'une fontaine, il s'éprend de la fée Mélusine. Celle-ci accepte le mariage, mais prévient : le samedi, jamais Raymondin ne doit chercher à savoir ce qu'elle fait. En contrepartie, Mélusine accomplit des prodiges, élève des châteaux en une nuit, fait prospérer les affaires de son époux. Dix enfants naissent, mais tous souffrent d'un mal étrange : l'un a une grande dent, un autre un œil au milieu du front... Raymondin est curieux de cela. Un samedi, il monte dans la chambre de son épouse, au sommet du donjon, et regarde par le trou de la serrure... La fée, dans sa parure d'écailles, s'envole alors par la fenêtre et jette l'anathème sur la famille et tous ses châteaux : « Pouzauges, Tiffauges, Mervent, Châteaumur et Vouvant iront chaque an, je le jure, d'une pierre en périssant. » Mélusine trouvera la paix le jour où ses œuvres auront disparu. Des sept tours du château de Vouvant ne reste que son donjon, la tour de Mélusine, et des éboulements terribles ont encore lieu chaque année.

« LA FÉE, DANS SA PARURE D'ÉCAILLES, S'ENVOLE ALORS PAR LA FENÊTRE ET JETTE L'ANATHÈME SUR LA FAMILLE ET TOUS SES CHÂTEAUX »

Île de Noirmoutiers
Challans
D753
D38
Saint-Jean-de-Monts
Saint-Gilles-Croix-de-Vie
Montaigu
P O I
La Roche-sur-Yon
A87
Océan Atlantique
D38
Le marais desséché
D747
Cheval Mallet
Les Sables-d'Olonne
Avrillé
Le Bernard
Saint-Benoist-sur-Mer
La Tranche-sur-Mer
Pertuis Breton
Île de Ré
Menhir de la Pierre couchée
Cairn du Pey de Fontaine
Angles
Saint-Benoist-sur-Mer
D25
Tour de Moricq
D 747

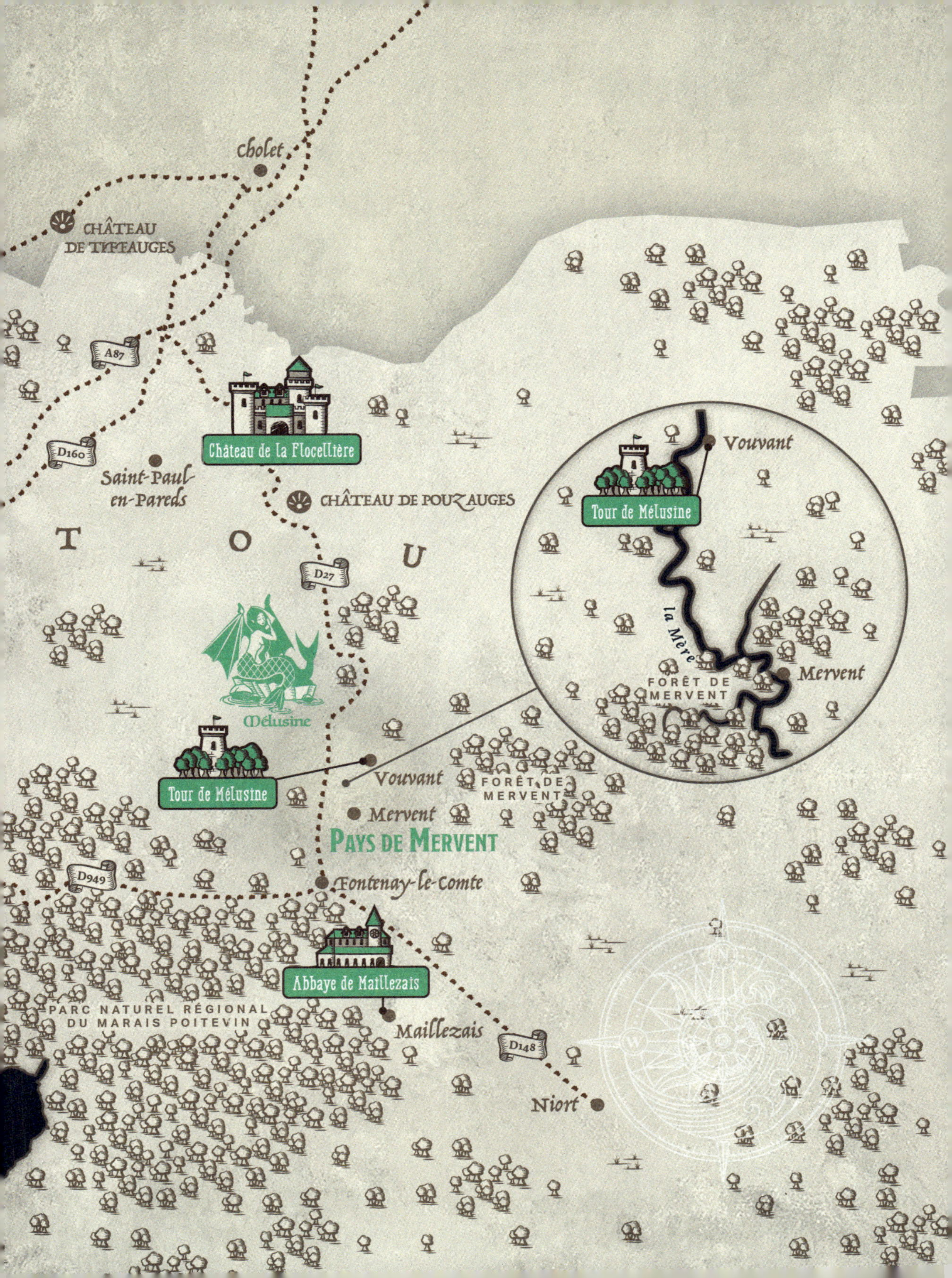
Cholet
CHÂTEAU DE TIFFAUGES
A87
D160
Château de la Flocellière
Saint-Paul-en-Pareds
CHÂTEAU DE POUZAUGES
T O U
D27
Mélusine
Tour de Mélusine
Vouvant
FORÊT DE MERVENT
Mervent
PAYS DE MERVENT
D949
Fontenay-le-Comte
Abbaye de Maillezais
PARC NATUREL RÉGIONAL DU MARAIS POITEVIN
Maillezais
D148
Niort
Tour de Mélusine
Vouvant
la Mère
FORÊT DE MERVENT
Mervent

+EN PAYS DE MERVENT

Un château où l'amour et la mort se versent le thé; une abbaye brûlée par un fils de Mélusine; et la cité qu'elle édifia, sur un méandre de la Mère : le pays de Mervent est la capitale de la Vendée fantastique.

Le château de la Flocellière

Sur le chemin de la Flocellière, le ciel bas est entaillé par quelques girouettes. Dans ce pays de souterrains-refuges, chaque haie d'épines annonce un péril. Voici d'abord le **château de Pouzauges**, demeure de Gilles de Rais et de son épouse, Catherine de Thouars. L'ancien compagnon d'armes de Jeanne d'Arc versa dans la magie la plus noire, satanique, et inspira le personnage de Barbe-Bleue à Charles Perrault. Le **château de Tiffauges**, au nord-ouest, fut également sa demeure. Tiffauges était la cité des Taïfales, un peuple scythe, géants mercenaires de l'armée gauloise. Tiffauges comme Pouzauges sont l'œuvre de la fée Mélusine. Une danse de Saint-Guy les frappe puisque chaque année ils perdent des pierres, qui volent dans le ciel poitevin. Autrefois, ces demeures avaient été élevées en une nuit par la fée Mélusine, grâce à son tablier magique... Cinq kilomètres après Pouzauges et le château de Barbe-Bleue, celui de **la Flocellière**, tout en créneaux néo-gothiques, apparaît comme celui de la Belle et la Bête.

Château de la Flocellière

Accès — *30 rue du Château, Sèvremont, à 13 km des Herbiers et à 8 km du Puy-du-Fou. Gare de Cholet (TER) à 25 km.*
Visite — *Juin-oct. : tlj. 14h-18h. 02 51 57 22 03, www.chateaudelaflocelliere.com Hébergement possible en chambres d'hôtes, dans le donjon médiéval, le pavillon Louis-XIII et le logis du château.*

Pour connaître ses deux fantômes, il faut voyager un instant jusqu'à la cour de Louis XIII. Lady Hamilton y accompagne l'épouse de son oncle. Le marquis de la Flocellière, Jacques de Maillé-Brézé, tombe amoureux de la jeune fille. Ce n'est pas réciproque ; alors il l'enlève. L'amour finit par gagner le cœur de Lady Hamilton, dit-on, et le mariage est célébré en 1616. Un an plus tard, la « belle Écossaise » s'éteint. Elle avait fait promettre à son mari la construction d'un couvent sur les terres du château. Le contrat stipulait qu'il devait octroyer la « somme de 1600 livres pour prier Dieu à perpétuité pour le repos de l'âme de demoiselle Elizabeth Hamilton ». Le marquis Jacques de Maillé-Brézé fit bel et bien construire ce couvent, dédié à Notre-Dame de Lorette, mais il fut ravagé, un peu plus d'un siècle plus tard, par les « colonnes infernales » républicaines. Le château de la Flocellière (fusion des mots fleur et ciel) est habité depuis près d'un millénaire ; nul doute que depuis le XVIIe siècle Lady Hamilton veille à sa sauvegarde. Des hôtes du château et des visiteurs disent l'avoir vue chagrine sur les bancs du domaine.

Bien qu'elle veillât les lieux, elle ne put repousser l'infernal Turreau durant la guerre de Vendée. Le 26 janvier 1794, la colonne de Louis Grignon campe à la Flocellière. Tous les habitants sont fusillés, femmes et enfants inclus. Quatre jours plus tard, trente prisonnières du donjon de Pouzauges sont violées par ses soldats, puis fusillées. Le 31 janvier, Grignon quitte la Flocellière après l'avoir incendiée. Le soir même, établi à Saint-Paul-en-Pareds, il exige de voir les habitants danser dans la cour du château, puis les massacre. Les cris de toutes ces victimes hantent la Flocellière. Quelques années plus tard, le 13 novembre 1799, les vendéens regagnent la place lors de la bataille de la Flocellière.

« *Le vent de galerne souffle ici... Il passe soudain et rafraîchit en quelques secondes l'air chaud ; à l'image des fantômes, venus d'on ne sait où, partant on ne sait où, mais nous traversant comme un* fleuve d'ombres. »

Le château du XVIIe siècle est toujours habité : on ne visite donc que le **parc**. Sur les bords de l'étang, j'imagine la garache tourner autour de celui-ci. En Vendée, la garache est une femme sur laquelle un prêtre a jeté l'anathème. Elle doit tourner sept nuits, sept fois, autour de sept paroisses. Un pauvre chasseur tua l'une d'elles, mais, lorsqu'il rentra chez lui, il découvrit le cadavre de sa femme… Quand ce n'est pas la garache qui tourne autour des eaux convulsives, c'est un léopard gigantesque : une apparence, parmi d'autres, de Gilles de Rais. En passant près du puits de la Flocellière, dont le toit de fer forgé rutile malgré la grisaille, je pense aux craintes qui entourent ces constructions, liant le ciel, la terre et l'eau. Plus au nord, dans l'autre pays des chouans qu'est la Bretagne, au cap Sizun, les puits sont couverts d'un toit en pointe, avec un galet rond ou une croix en pierre – l'« aiguille du puits » –, car la lune y jetterait du venin. Il y a souvent des cloches qui dorment et sonnent au fond des puits vendéens, pays où les guerres de Religion furent très vives. Derrière le puits, j'aperçois les ruines du premier château de la Flocellière, avec son **donjon** du XIIIe siècle.

Le ciel est toujours gris, et sombre. Le vent de galerne souffle ici… Il passe soudain et rafraîchit en quelques secondes l'air chaud ; à l'image des fantômes, venus d'on ne sait où, partant on ne sait où, mais nous traversant comme un fleuve d'ombres. La galerne porte en ses flancs la fée Mélusine. Dans les châteaux, les familles redoutent encore d'entendre ses écailles rouler sur les toitures. C'est le signe d'une mort dans les trois jours…

Château de Pouzauges

Accès — *Pouzauges, à 8 km des Herbiers et à 13 km du Puy-du-Fou.*

Visite — *Cour intérieure et remparts : tlj. ; donjon : juil.-août lors de visites guidées par l'office de tourisme (0251918246, www.tourisme-paysdepouzauges.fr/visites/chateau-medieval-pouzauges).*

Château de Tiffauges

Accès — *Tiffauges, à 20 km des Herbiers et du Puy-du-Fou.*

Visite — *Avr.-mai et 1er-11 sept. : lun.-ven. 10h-12h et 14h-18h, sam.-dim. 14h-19h ; juin : lun.-ven. 10h-18h, sam.-dim. 10h-19h ; juil.-août : tlj. 10h-19h. Visite libre de la forteresse et du conservatoire des machines de guerre. Spectacles et animations, tarif 8 € (14 € journée et nocturne). Pass Vendée 21 € (accès à 8 sites, dont le château de Tiffauges et l'abbaye de Maillezais). 0251676000, www.sitesculturels.vendee.fr/Chateau-de-Tiffauges*

La tour de Mélusine

C'est une journée brûlante, et la cité de Vouvant – la seule cité fortifiée de Vendée – m'apparaît comme un havre béni *Vouvant* vient du latin *volvere*, dont la première traduction française est « mouvant » ; déjà le nom serpente...

Comme sa jumelle de Fougères, en Bretagne (p. 57), la tour de Mélusine de Vouvant est toute ronde, haute de près de cinquante mètres. Un petit cirrus flotte près de sa girouette. Si la curiosité vous pousse, comme elle poussa Raymondin, visitez-la... Pourtant, la tour semble vouloir nous tenir à distance, à la façon du mythique Mont Douloureux construit par Merlin : un pilier que nul ne pouvait approcher sauf le meilleur chevalier du monde ; les autres devenaient fous à son approche.

Par la rue Basse-des-Remparts, j'espère gagner les rives de **la Mère**, affluent de la Vendée, et me rejoue l'histoire des lieux. En lisière de la forêt de Mervent, au début du XIe siècle, Guillaume le Grand, duc d'Aquitaine, demande aux moines de Maillezais de construire un château fort, une église et un monastère. Au XIIe siècle, la famille Lusignan fait élever les remparts : une enceinte féroce, coupée par trois portes. Les Lusignan ont la hantise d'être humiliés. Pourtant, en 1200, Jean sans Terre, roi d'Angleterre, enlève Isabelle d'Angoulême, alors fiancée à Hugues IX de Lusignan, pour l'épouser. Furieux, les Lusignan se rangent aux côtés du roi de France : l'Angleterre perd une grande influence sur ces terres du Poitou liées à Philippe Auguste. Mais vingt ans plus tard, à la mort de Jean sans Terre, Isabelle épouse le fils de son premier fiancé, Hugues X de Lusignan et lui conseille de s'affranchir du roi de France… En 1230, une première révolte des Lusignan est réprimée.

J'arrive devant la poterne, la seule porte de l'enceinte encore debout, le long de la Mère. C'est par elle que Saint Louis aurait pénétré la cité le 6 juin 1242. Dans les mois qui précédèrent, Hugues X de Lusignan, l'un des grands vassaux de Saint Louis, avait défié son suzerain, Alphonse de Poitiers, le frère du roi. Encouragé par le roi d'Angleterre, Henri III Plantagenêt (son gendre), Lusignan avait même fomenté une guerre d'indépendance en Poitou. Mais la répression fut rude. Saint Louis attaqua les châteaux du cousin germain de Hugues X, Geoffroy II de Lusignan, dit la « Grand'Dent », dont celui de Vouvant, où il obtint sa reddition.

Sous la poterne, deux possibilités. À droite, le sentier des Douves longe les remparts jusqu'à la tour de Mélusine ; à gauche, la rue des Rangies contourne la cité. Les rangies sont les échelles que les assaillants utilisaient pour gravir les murailles. Les jours de grand vent, on peut encore y entendre le cliquetis des épées.

Je remonte la rue Basse-des-Remparts, puis la Grande-Rue. Passant devant de jolies maisons, j'atteins l'**église Notre-Dame-de-l'Assomption**, dont le tympan est l'un des plus ornementés du Poitou. Derrière ces murs repose le fils de Mélusine, Geoffroy II de Lusignan, incendiaire de l'abbaye de Maillezais (p. 222). Les sculptures de la partie basse du tympan ont vu passer son cadavre ; parmi elles, entre autres figures fabuleuses, on voit un homme hagard, entouré par deux serpents. Les statues supérieures furent ouvragées dans la décennie suivant sa mort. J'y retrouve Marie d'Harcourt et Jean de Dunois, dont j'ai côtoyé les fantômes au château de Blandy-les-Tours (p. 89). Dunois, compagnon d'armes de Jeanne d'Arc, fut aussi seigneur de Vouvant et de Mervent. Chaque visage sculpté paraît l'indice d'un trésor, et il suffirait qu'un rayon l'effleure durant un solstice pour comprendre où dort l'héritage des Lusignan : auraient-ils laissé un trésor ?

Tour de Mélusine

Accès — *Place du Bail, Vouvant, à 15 km de Fontenay-le-Comte.*

Visite — *Avr.-oct. Rens. auprès du bureau d'information touristique de Vouvant (02 51 00 86 80). Pendant les vacances scolaires, illumination nocturne de la façade de l'église, des remparts et de la tour.*

Forêt de Mervent

Visite — *La plus grande forêt du département (5 000 ha) se découvre au fil des rivières Vendée et Mère, en bateau électrique, à paddle ou en canoë, au départ du Natur'Zoo de Mervent, au parc de Pierre-Brune. 02 51 00 07 59, www.naturzoomervent.com*

« Je quitte Vouvant comme on referme un livre d'heures, l'esprit plein d'enluminures et de

serpents ailés. »

À droite du portail s'ouvre la nef Théodelin, du nom du bâtisseur de l'église : c'est aujourd'hui un lieu d'exposition d'art contemporain.

Je quitte Vouvant comme on referme un livre d'heures, l'esprit plein d'enluminures et de serpents ailés. Richard Cœur de Lion, pour expliquer ses farouches relations familiales, disait des Plantagenêts qu'ils étaient les « fils de la démone »… Mélusine. Mais en 1392, sur commande de Jean, duc de Berry, comte de Poitou et d'Auvergne, Jean d'Arras rédige une version du roman de Mélusine à la gloire de la famille Lusignan. Ce rapatriement féerique, en pleine guerre de Cent Ans, était une façon, pour le duc de Berry, d'affirmer son pouvoir sur le Poitou, contre les Anglais.

Voici le seuil de la **forêt de Mervent**, jonchée de branches brisées comme des pieds de biche. Je laisserai en paix, dans sa grotte, le père de Montfort, ermite de ces lieux en 1715, et le château de la Citardière, demeure du sanguin baron de Chantoizeau. Par respect pour leurs mânes puissants, je ne m'y engage pas. Certains sites ne doivent pas être approchés de trop près ; il faut savoir rebrousser chemin, laisser libre l'esprit du lieu.

L'abbaye de Maillezais

Dans les immensités plates du bas Poitou, de hautes ruines, soudain, forment une nef encalminée. Les deux arcs en ogive n'ont plus leurs vitraux et forment des chas d'aiguille. Nous voici dans l'ancien golfe des Pictons, pays de conches, de canaux, autrefois marais salants. L'abbaye de Maillezais, qui s'élève par-dessus les trognes du Marais poitevin, fut construite sur une île du golfe. Du belvédère – au sommet de la tour ouest – jusqu'au fond des caves à sel, je cherche les échos des moines brûlés par Geoffroy la Grand'Dent, dont la **statue**, en morceaux épars, émaille le parterre d'entrée. Elle m'a fait une vive impression, tout à l'heure. Cette gigantesque sculpture reproduit une statuette découverte dans les ruines, au début du XIXe siècle.

Partout la blancheur de sel m'aveugle, comme des exhalaisons du marais. La fée Mélusine fait traîner ses rémiges dans les canaux de la Venise verte. Des lavandes parfument les alentours. Un homme, en robe d'évêque, se promène au pied des ruines… Qui est-il ?

On situe la fondation de Maillezais autour de l'an 1000, après la venue du chevalier Gaucelin. Ce dernier, poursuivi par un sanglier, n'eut pour se défendre qu'un seul moyen : jeter sur la bête la pierre d'autel d'une église en ruine. Le chevalier fut immédiatement foudroyé. Emma, épouse de Guillaume Fier-à-Bras, comte de Poitou et duc d'Aquitaine, vola à son secours. En réparation, elle fit construire sur les lieux du sacrilège le monastère de Maillezais. Le sanglier, comme le porc en général, était un symbole important pour les Celtes, toujours associé à la révélation d'un lieu sacré. D'ailleurs, selon d'autres sources, c'est au contraire la poursuite du Sanglier Blanc qui permit au chevalier Gaucelin de découvrir l'emplacement de Maillezais. En tout cas, c'est bien grâce au comte de Poitou, qui offrit et ses terres et son château aux moines bénédictins, que Maillezais devint la reine du golfe des Pictons.

Au XIVe siècle, les deux romans ayant pour sujet Mélusine (celui de Jean d'Arras et celui de Coudrette) font de Maillezais un lieu crucial, résidence de Fromont, seul fils de Mélusine devenu moine et non chevalier. Geoffroy la Grand'Dent, son frère, est d'ailleurs furieux de cet engagement. Certain que les moines l'ont envoûté, il les punit en incendiant l'abbaye. Tous périssent. C'est cet événement, dit-on, qui provoqua les doutes de Raymondin sur la réelle nature de son épouse. En brûlant Maillezais, Geoffroy brûla du sel. On connaît les croyances à propos du sel, qui éloignerait le mauvais œil ; mais dans le sacrilège, Geoffroy a mêlé au sel les corps de moines innocents. L'incendie de Maillezais n'est pas une légende : au XIIIe siècle, Geoffroy II de Lusignan eut une forte querelle avec son abbé. Le seigneur demandait en excès des privilèges, et commettait des exactions. L'abbé se plaignit au pape ; en représailles, Geoffroy fit tuer une partie des moines, et brûler l'abbaye. Excommunié, il se rendit à Rome pour obtenir l'absolution. Mort en 1248, il est enterré dans l'église de Vouvant. Au XIVe siècle, l'évêché de Poitiers démembré, Maillezais devint cathédrale et régenta le golfe des Pictons.

L'idée de sacrilège imprègne l'histoire de Maillezais depuis sa construction. Voilà peut-être l'origine de la Bête Faramine, qui se cache sous les trognes du marais voisin. On dit qu'elle peut se jeter sur votre dos et vous étrangler.

Lorsque je quitte l'abbaye, l'évêque fait toujours les cent pas le long des ruines. Si c'est un acteur, il semble bien las. Si c'est un fantôme, que son écrou soit vite levé ! Je repasse devant la statue de la Grand'Dent. Voilà quel souvenir j'emporte de Maillezais : l'impression de blancheur, de calcaire ; d'un bain de sel brûlant. Je ne sais plus si le ciel est en haut ou en bas. Je suis perdu dans la blancheur.

Abbaye de Maillezais

Accès — *À 13 km de Fontenay-le-Comte.*

Visite — *Tte l'année, horaires variables. L'été, nombreux spectacles et animations. 02 51 53 66 80, www.sitesculturels.vendee.fr/Abbaye-de-Maillezais De Pâques à la Toussaint, l'embarcadère de l'Abbaye propose différentes navigations (avec ou sans guide batelier) sur les canaux de la Venise Verte, le Marais mouillé du Marais poitevin, depuis le Vieux Port de Maillezais (02 51 87 21 87).*

Voilà quel souvenir j'emporte de Maillezais : l'impression de blancheur, de calcaire ; d'un bain de sel brûlant. Je ne sais plus si le ciel est en haut ou en bas. Je suis perdu dans la blancheur.

ÎLE DE NOIRMOUTIER

Quand l'orage gronde, des lueurs flottent sur l'océan ; esprits naufragés du *Charles-Ubine*, qu'on appelle les « Encharlubines ». Dans la brume, leur chant se confond avec celui des Braillards ; eux crient comme des noyés, et détournent les sauveteurs. À la Toussaint s'ébranlent d'infinies processions mortuaires. La mère la plus éplorée voit son enfant, le dernier de la file, tenir une cruche remplie de ses larmes. Enfin, dans toute la Vendée, on parle de la « barque de Noirmoutier ». Elle apparaît le samedi, à la pointe de Devin, à L'Épine. Barque vide, pourtant prête à sombrer. À son bord, une voix s'écrie : « Embarque ! Embarque ! Allons en Galloway ! » En Galloway, on juge les morts.

Accès — *À 38 km de Challans. De Nantes, bus 13 jusqu'à Noirmoutier ; de La Roche-sur-Yon ou de Challans, bus 171.*

+DANS LE MARAIS DESSÉCHÉ

Un village avec un lapin qui fume la pipe sur le toit de l'église pourrait vous mettre sur la piste du trésor d'une tour carrée, élevée en plein marais. Le village voisin est hanté par la bête du Troussepoil, qui mange(ait ?) la beauté des filles.

Saint-Benoist-sur-Mer

J'ai passé tant d'étés à Saint-Benoist-sur-Mer... Son nom même est une tromperie : l'océan s'est retiré il y a longtemps ; les premières plages sont à dix kilomètres. Mais la revanche du flot viendra ! En une nuit, à la vitesse d'un cheval au galop, dit-on. Il faudra alors se réfugier dans l'**église fortifiée de Saint-Benoist**. Avant d'être le repaire de huguenots, elle fut l'abri des villageois durant la guerre de Cent Ans. L'église, surmontée d'un curieux lapin qui fume la pipe, fut construite dès le XIe siècle, quand Saint-Benoist était l'un des ports du golfe des Pictons. Aujourd'hui, les pâtures du marais, communaux de l'ancien estuaire du Lay, demeurent la joie des fées. Dames de haute taille, cierge à la main, elles flottent au-dessus des canaux, laissant tomber des gouttes de cire sur le toupet et le crin des chevaux, qu'elles peignent avec amour. À Saint-Benoist, pour distinguer les femmes des fées, n'oubliez pas de comparer leurs empreintes de pas ; quelles que soient leurs chaussures, les fées laissent toujours des empreintes de pattes d'oie.

Malgré leur présence, une créature infernale terrifie les marais de Saint-Benoist. Enfant, à chaque trajet nocturne, je l'imaginais escorter la voiture. Elle surgissait route de la Belle-Étoile, près du **menhir renversé.** Et lorsqu'il fallait fermer le portail de notre maison, quelque hennissement dans les marais, pourvu que la lune soit pleine, me pétrifiait. Même si, sur le toit de l'église, le lapin qui fume continuait son œuvre tranquille, une phrase me hantait : « Voyageur fatigué, laisse passer le cheval Mallet, il aurait tôt fait, une fois enfourché, de t'entraîner, pour l'éternité. » Car cette galipote équine proposait son aide aux voyageurs nocturnes et fatigués, et, une fois l'imprudent monté, le cheval entamait une course folle qui ne s'achevait qu'au matin... en enfer. Chaque printemps, les villageois venaient frotter une poignée de trêfles sur cette pierre couchée, dite au « Palet de Gargantua ». Ils espéraient ainsi contrer l'approche du cheval Mallet. L'autre consigne était de porter autour du cou la médaille de Saint-Benoist, dite « Croix-des-Sorciers », car elle arbore les initiales de plusieurs formules latines, dont le *Vade Retro Satana*, et surtout *Non Draco Sit Mihi Dux* : « Que le dragon ne soit pas mon guide ». Dans les mythes, le cheval incarne autant les puissances du bien que celles du mal. Après tout, *cauchemar* n'a-t-il pas pour étymon *cauquemar*, « piétinement de cheval » ? Et l'anglo-saxon *nightmare* ne signifie-t-il pas « jument de la nuit » ?

À présent, les branches effacent mes pas lorsque je me retourne sur ce passé, ou fouillent mes poches pour tâter l'étoffe de mes songes. Pour m'éprouver davantage, je prends la direction d'Angles, par le chemin des marais. Rue de Lavaud, des hommes-loups marchent vers la **tour de Moricq.** Sur les canaux des Bourasses, qui longent la route, des rames coupent parfois le silence, d'un bruit étouffé. Ces équipages pensent manœuvrer des canoës, mais ce sont les rameurs de l'infernal Styx qui nous implorent de ne pas aller plus loin, dans ces marais secs. Ce n'est plus la Venise verte de Maillezais ici, mais un lieu dévolu aux garaches. Après de longues minutes dans ce *no man's land*, la steppe poitevine se peuple de quelques maisons. La rue de Lavaud devient rue de la Barboire. Un donjon carré nous attend.

Saint-Benoist-sur-Mer

Accès — *À 10 km de La Tranche-sur-Mer.*

Visite — *Un sentier d'orientation fait le tour des marais de Saint-Benoist-sur-Mer. Le mercredi soir, en été, visite possible avec la Ligue pour la protection des oiseaux. Les canaux de Saint-Benoist-sur-Mer sont ouverts aux canoës (06 27 22 19 63, www.vendeegrandlittoral.fr).*

La tour de Moricq et le Troussepoil

Voici la tour de Moricq. Je peux reprendre mon souffle, c'est une construction de Mélusine… enfin, si l'on considère les fradets, les elfes locaux, comme ses ouvriers ! Au XIe siècle, cette tour est un véritable phare sur la côte. Giraudus de Morech, vassal du seigneur de Talmont, en est alors le maître. Cela dit, la tour qui nous apparaît aujourd'hui est l'unique vestige d'un château du XIVe siècle commandé par un maire de La Rochelle. En 1722, Mme de La Taste, sa châtelaine, fait assécher le port de Saint-Benoist-sur-Mer… au profit du sien.

Il est un secret de plus que couve cette bâtisse, celui d'un trésor, si l'on en croit un graffiti. Un trésor à l'intérieur même de la tour, « dans un coffre en cuivre jaune ». C'est lors du *Sanctus* de la messe de Noël que les démons gardiens s'en éloignent. En Vendée, les trésors appartiennent cent ans à l'âme de leur propriétaire – qui le veille uniquement la journée – cinquante au diable, qui compte les jours et les nuits.

Je quitte le hameau de Moricq pour sa ville d'attache, **Angles**, célèbre pour son **église** abbatiale dominée par la Bête, un gros ours tenant une croix sur le dos. Cette *malebeste* mangeait les femmes, les enfants et les troupeaux qui passaient sur les rives du Troussepoil. Elle sortait de la rivière, les poils herissés, d'où son nom peut-être. Beaucoup d'hommes d'Église tentèrent de la vaincre. Seul l'abbé Martin, curé d'Angles, y parvint après cinq jours de jeûne et de prières. Il amena la bête, douce comme un agneau, sur la place du village, un jour de marché. Il dut affronter des demoiselles : « Père Martin, depuis quand êtes-vous le berger du diable ? » Silencieux, l'abbé fit un geste : la Bête monta lentement au pignon de l'église ; d'un signe de croix, Martin la pétrifia et dit : « Tu ne vivras désormais que de la beauté des filles d'Angles. » C'est pourquoi, lorsqu'on baptise des filles, on entre encore par les portes latérales, pour contourner la Bête et contrer la malédiction…

La *malebeste* quitte parfois son socle pour se désaltérer, mais on ne sait jamais où elle va.

En guise de matériel, le chasseur de légendes emporte surtout des souvenirs, qui lui servent à détecter ses propres fantômes. Je trouve les miens dans ce triangle des marais, du menhir de la Pierre-Couchée à la tour de Moricq ; des marais hantés de goules et de chevaux trompeurs, une bête vorace de la beauté des filles, un lapin fumeur de pipe. Mais aussi lors de séjours dans un château Louis XIII, avec une pièce interdite aux regards – et la crainte d'entendre la fée Mélusine, écaille par écaille, sillonner le toit, et faire rouler des tuiles jusque dans mon lit… Cela vous donne la passion des chemins des fées. La Vendée : j'y venais une fois l'an, en août, comme un bain de mystère ; comme Mélusine se cachait un jour par semaine.

« *Il est un secret de plus que couve cette bâtisse,* celui d'un trésor […] »

Tour de Moricq

Accès — *Rue de la Barboire, Angles, à 7 km de La Tranche-sur-Mer.*

Visite — *« Nuits de la Tour », chaque soir la dernière semaine de juil. Spectacle nocturne vivant, son et lumière, cavalerie. Réservation conseillée dès avr. Tarif 17 €. 02 51 97 56 39.*

LES PIERRES FOLLES

À moins de dix kilomètres de Saint-Benoist-sur-Mer, du côté du Bernard et d'Avrillé, sur la rive gauche du Troussepoil, les menhirs sont si nombreux qu'on les prend pour des bornes kilométriques : au moins quatorze sont préservés, parmi des centaines de blocs. Le dolmen de la Frébouchère est remarquable : neuf piliers soutiennent une table en granit de quatre-vingt-dix tonnes. À quatre kilomètres, le cairn du Pey-de-Fontaine est le plus grand ensemble mégalithique du bas Poitou. Toutes ces pierres folles dansent à Mardi gras (l'antique fête d'*Imbolc* qui, pour les Celtes, ouvrait la saison des amours), le matin de la Saint-Jean et la nuit de Noël. Elles découvrent alors leur trésor.

TRÉSORS ENFOUIS

Les trésors français sont plutôt bien gardés dans les entrailles de la terre, excepté durant la nuit de Noël ; là, leurs démons gardiens s'endorment. Leur colère est d'autant plus grande s'ils vous surprennent la main dans le sac.

La Croix percée

Les bords de l'Epte sont farouches, nous l'avons vu au pont de Coq (p. 108) ; sans doute car cette rivière fut longtemps frontière sanglante entre l'Angleterre et la Normandie. En amont du pont de Coq, dans la « Terre du gouffre de Vulcain » – le nom légendaire du Vexin –, au bord de la D 10, peu avant l'entrée dans Gisors, vous trouverez une croix templière, la Croix percée. Construite autour du xie siècle, elle est peut-être un menhir christianisé. En 1520, un adolescent écoute son grand-père lui conter l'existence d'un trésor enfoui sous la croix, défendu par des « démons grimaçants armés de fourches ». Attiré par le souterrain, le jeune homme y descend durant la nuit de Noël – la légende dit que les démons s'endorment durant la messe. Il trouve le trésor comme annoncé, mais les lingots d'or et d'argent, les vases en vermeil, l'éblouissent : il se pâme et laisse le temps passer. Les démons se réveillent. Au petit matin, le cadavre du garçon gît sous la Croix percée.

Gisors et les Templiers

À un peu plus de deux kilomètres de la Croix percée, voici le donjon de Gisors, principal bastion de la Normandie avant la construction de Château-Gaillard (p. 122). En 1944, des fouilles clandestines, menées par le gardien du château, auraient mis au jour une crypte, sous le donjon, abritant des coffres en métal précieux, des statues du Christ et des apôtres et dix-neuf sarcophages de pierre. L'accès jugé périlleux, les autorités s'empressent de combler le trou, sans y descendre. Le gardien du château est conduit à l'hôpital psychiatrique. Vingt ans plus tard, un livre relance la folie. André Malraux, ministre des Affaires culturelles, exige que la motte soit fouillée par l'armée. Bientôt, des fissures apparaissent sur les murs du donjon et font craindre son éboulement. Du béton est coulé dans la motte – et l'énigme close.

Que s'est-il passé à Gisors ? Jean de Châlons, l'un des Templiers, dit avoir vu, le jeudi 12 octobre 1307, la nuit précédant l'arrestation de tous les Templiers du royaume, trois charrettes chargées de foin quitter le Temple de Paris, sous haute escorte. Plus de cinquante cavaliers devaient les mener jusqu'aux côtes de la Manche, où le chargement devaient être embarqué sur des navires de l'Ordre. La forteresse jalonnait bien le convoi des chevaliers, mais n'appartenait-elle pas à leur ennemi, le roi Philippe le Bel ? Quatre Templiers y ont été retenus prisonniers, dont leur grand maître, Jacques de Molay. Leurs fantômes rôdent et s'amusent des chasseurs de trésors. Diront-ils un jour la vérité ?

Les cloches

Longtemps la sonnerie des cloches rythma la vie des villages. Mais, lors des guerres de Religion ou durant la Terreur, elles étaient les premières victimes des attaques. Afin qu'elles ne soient pas fondues et transformées en canons – pour éviter de perdre leur âme –, les habitants préféraient les jeter au fond des lacs ou des mares. Là, elles s'envasaient et n'étaient, à cause de leur poids, jamais remontées dans les clochers. En revanche, pour ne pas qu'on les oublie, elles sonnent toujours. Elles sonnent en Charente, à Garat, au fond du gouffre de Gabard, d'où elles font remonter des émanations toxiques. Mais elles chantent surtout en Vendée : à Chaillé-sous-les-Ormeaux, dans le lit de l'Yon, à l'endroit de la Fosse-aux-Cloches ; à La Chaize-le-Vicomte ; au Trou-aux-Cloches de Rocheservière ; à *l'étang des Cloches* de Sainte-Florence. Quand vous vous trouvez à l'écart, à la campagne, tendez l'oreille. Les cloches que vous entendez sonner viennent peut-être du fond de l'eau. Toujours en Vendée, à Moricq (p. 228), sonnent parfois les cloches d'une cité engloutie ; un métayer avait refusé les avances d'une châtelaine, elle fit submerger sa paroisse.

LA DERNIÈRE DANSE D'ACELLA

« *Et, dans le soir venant, cependant que les flûtes*
Et les harpes versaient la langueur de leurs chants,
Que montaient des brasiers d'odorantes volutes,
Que s'échappaient des fleurs les parfums du printemps,
Acella, qui dansait pour le peuple en délire,
Mourut dans un accord de cithare et de lyre. »

– Louis Roux-Servine (présent lors de l'apparition de 1895), « Acella », La Revue Félibréenne, t. XIV, 1898-1899 (p. 352-354)

Au Ier siècle, sous l'ère antonine, Acella dansait au théâtre d'Arles. Un centurion, envoûté, la demanda en mariage. La nuit de ses noces, Acella, voulant pratiquer son art une dernière fois, se rendit aux Alyscamps, la vaste nécropole, y dansa toute la nuit, et y mourut au point du jour… Elle avait dix-sept ans. Depuis, elle revient toujours aux Alyscamps. Parfois, la pierre de son sarcophage pivote et la jeune fille s'envole entre les tombes. Le 30 juillet 1895, près de l'église Saint-Honorat – la dernière des dix-huit églises du cimetière –, le poète Frédéric Mistral et une centaine de témoins virent le nom d'Acella briller parmi des langues de feu bleuâtres… Au début du XXe siècle, le squelette de la jeune femme était encore visible dans cette église. La plaque funéraire, authentique, appartient désormais au Musée archéologique d'Arles ; elle loue Aelia, danseuse morte à dix-sept ans, sept mois et dix-huit jours.

« ACELLA, MORTE À DIX-SEPT ANS LA NUIT MÊME DE SES NOCES, REVIENT TOUJOURS AUX ALYSCAMPS. »

Le Puy-en-Velay
Saint-Martin-de-Valamas
Château de Rochebonne
Château de Crussol
Massif du Vercors
N88
Mont Mézenc
Le Cheylard
Lamastre
Valence
Montagne de Crussol
Parc naturel régional des monts d'Ardèche
Château de Boulogne
Privas
A7
N102
Aubenas
D86
Montélimar
Languedoc
le Rhône
Théâtre antique
Jardin d'été
Canal de Craponne
Musée archéologique
Chapelle Saint-Accurse
Église Saint-Honorat
Orange
Provence
Temple de Diane
A9
Avignon
Nîmes
Tarascon
Acella
A54
Les Alpilles
Parc naturel régional de Camargue
Arles
Montpellier
Abbaye de Montmajour
Tarasque
Nécropole des Alyscamps
Aix-en-Provence
A8
A52
Saintes-Maries-de-la-Mer
Golfe du Lion
D80
Marseille
A50
Grotte de la Sainte-Baume
Mer Méditerranée

+EN LANGUEDOC

Des garrigues de Nîmes aux monts du Vivarais, les pays du Languedoc, où l'on craint les flammes de l'été et les pluies de l'automne, sont ceux de tous les dangers. Pourtant, on y trouve la « reine des sources », selon Virgile, la forteresse visionnaire de Napoléon et la main d'or des druides, enfouie près du Mézenc.

La montagne de Crussol

Au **château de Crussol**, dans une béance ovale de la tour sud appelée « œil-de-bœuf », Napoléon Bonaparte eut la vision de son avenir glorieux. C'est ce qu'il rapporta, des années plus tard, à sa confidente, Mme de Rémusat. En 1785, le jeune lieutenant de garnison qu'il était, affecté au régiment de Valence, y vit défiler ses batailles et ses victoires ; il se vit aussi tenir et le globe et le sceptre. En revanche, son exil et sa mort de proscrit furent absents de la vision : un orage y mit un terme.

Passant à mon tour la tête dans l'œil-de-bœuf, j'entrevois le passé, non l'avenir. Au pied de la montagne, le Rhône sépare le royaume de France du Saint Empire romain germanique. Crussol est une Massada aux portes de l'Isère, du Vivarais et du Velay. Une vraie forteresse de Judée, dominant l'un des fleuves les plus puissants du monde.

LE TEMPLE DE DIANE

On appelle «temple de Diane» ce lieu vieux de plus de deux mille ans, dont on ignore l'usage. Ces voûtes en berceau, où nichaient douze statues, à présent disparues, formaient-elles seulement un temple? Certains rêvent l'édifice en bibliothèque, d'autres en lupanar… La seule certitude est qu'il appartint, vingt-cinq ans av. J.-C., à l'*augusteum*, l'enceinte de *Nemausus* (Nîmes), «reine des sources» selon Virgile, voulue par les Romains, au même titre que la tour Magne, à la cime du mont Cavalier. Le temple de Diane devint la gloire d'Auguste, mais qui sait si la déesse n'a pas repris ses droits aujourd'hui?

Accès — *Les Jardins de la Fontaine, 26, quai de la Fontaine, Nîmes.*

Visite — *Mars et sept.: tlj. 7h30-20h; avr.-août: tlj. 7h30-22h; oct.-fév.: tlj. 7h30-18h30. Du 30 juin au 17 sept., la partie basse du jardin est ouvert au public les jeudis, vendredis et samedis de 7h30 à minuit. www.nimes.fr/vie/espaces-verts/jardins-de-la-fontaine.html*

Après s'être extasié devant la forteresse de Fougères (p. 57), Lawrence d'Arabie fut également séduit par Crussol. La forteresse était l'ébauche du krak des Chevaliers qu'il devait découvrir, deux ans plus tard, dans le désert de Syrie.

Jadis, on attribuait la construction du château à la force d'un géant nommé Crussolius. Au XVe siècle, on découvrit des os gigantesques sous ses remparts; il s'agissait de ceux d'un mammouth... Les traditions ont-elles confondu le géant et la mammouth? Crussolius repose-t-il toujours sous la montagne?

Suivant le GR 42, je monte vers le sommet de la montagne de Crussol, laissant derrière moi le château. À une telle altitude, un monstre ptérodactyle aux ailes déployées et au bec empli de lambeaux humains m'emporterait sans peine dans les monts proches du Vercors. Il me tiendrait ou pour sa descendance, ou pour son butin. Dans la forêt de chênes verts, sur le chemin du sommet, je suis arrêté par les dryades, et renonce à mon expédition. Les forêts du Vivarais sont le séjour des âmes célibataires qui, après leur mort, y cherchent une épouse ou un époux. Il m'a fallu du temps pour les convaincre de me laisser partir.

Château de Crussol

Accès — *Chemin de Beauregard, Saint-Péray, à 6 km de Valence. Bus E03 depuis la gare routière de Valence jusqu'à Saint-Péray.*

Visite — *Ruines en accès libre, tte l'année. Site classé Natura 2000, nombreuses balades thématiques organisées, notamment sur le thème des orchidées, le site étant fameux pour sa quarantaine d'espèces. Tarif visite guidée 6 €. 04 75 81 00 51, www.chateaudecrussol.com*
Une section du GR 42 – « Balcons du Rhône », de Saint-Étienne (Loire) au Grau-du-Roi (Gard) – part du parking du château, monte vers les ruines et s'engouffre dans la forêt de chênes verts, jusqu'au sommet de la montagne de Crussol. De là, revenir sur ses pas ou poursuivre la boucle (balisage rouge et blanc).

Le château de Rochebonne

Après le tunnel du Riotord, sur l'ancienne voie de chemin de fer, apparaît la ruine du château de Rochebonne. C'est une cité interdite qui gonfle, par-dessus les cimes, mâchant pléthore de périls. Une éruption volcanique a-t-elle accouché de cet édifice? Ces ruines sont-elles les restes d'un géant en décomposition? Trois pics sombres portent des chaos de roches. Au bas du chemin, l'Eyrieux coule avec fracas. Une odeur de térébenthine émane des forêts de sapins que je longe, rappelant la senteur d'un atelier d'artiste. Entêtant, ce parfum me fait voir des tableaux inédits; j'y puise un monde d'inspiration, peuplant les talus alentour d'elfes et d'ours. J'ai quitté Le Cheylard il y a une heure, mais j'ai l'impression d'avoir franchi plusieurs univers. L'approche d'un lieu ne m'a jamais autant grisé. Est-ce le début du piège?

Le château de Rochebonne connaît-il le secret du triangle de la Burle ? La burle est ce vent d'hiver propre au Velay et au Vivarais. Dans ces pays, les aviateurs craignent son effet de maelström. Les trois accidents les plus proches de Rochebonne se sont produits à une quinzaine de kilomètres. La roche basaltique, connue pour son ferromagnétisme, peut-elle être incriminée ? Quoi qu'il en soit, le sortilège des « dents du Diable », comme on nomme les trois grands rocs du mont Mézenc, étonne à chaque pas dans le Haut-Vivarais. Selon la légende, du temple de Delphes fut rapportée par les druides une main de la statue d'Apollon – ils n'avaient pu prendre la statue entière, fondue dans l'orichalque, l'alliage mystérieux qui donna tant de force aux Atlantes. Ce métal ressemble à du bronze ou à de l'or, mais ses propriétés magiques sont phénoménales. Cette main d'Apollon fut enfouie sous un pic du Puy-en-Velay, mais des maux insupportables accablèrent les habitants ; les druides l'auraient alors enterrée sous l'une des trois dents du Mézenc ou dans un souterrain près du château de Rochebonne. Cette « main d'or » apparaîtrait les nuits de Noël, dans la bouche d'un gigantesque crapaud, qui l'échangerait contre un nouveau-né, dit-on...

Sous le piton noir du château, le visage des paysans se crispe. Me voyant, se disent-ils : « Encore un qui ne reviendra pas ! » ? Un grand maléfice a raison de ces pierres, semble-t-il. Le soleil décline. Le sentier que j'ai suivi s'avère être la mauvaise piste. Si près du but, je dois rebrousser chemin. Je ne trouverai pas la main d'or, cette fois-ci.

> « *Entêtant, ce parfum me fait voir des tableaux inédits ; j'y puise un monde d'inspiration, peuplant les talus alentour* d'elfes et d'ours. »

LE CHÂTEAU DE BOULOGNE

Marie de Latour-Maubourg aimait un paysan, mais son père s'opposait à leur union. Il fit même exécuter le prétendant... Marie sauta des remparts. Le père installa alors une lampe dans la chapelle, qui devait brûler jour et nuit. Une nuit, la lampe fut soufflée. Le fantôme de Marie ralluma la mèche avec le sang de son amoureux. Le fantôme de la jeune femme se promène sous les murailles du château de Boulogne. Parfois, la lumière du ciel est d'une couleur rousse extraordinaire parce que Marie porte une lanterne rouge et marche dans les environs.

Accès — *Saint-Michel-de-Boulogne, à 14 km d'Aubenas.*

Visite — *Ouvert lors des Journées du patrimoine (2e w.-e. de sept.) et à d'autres moments dans l'année, se renseigner. Festival cinématographique et concert « Château Pleine Lune » organisé en juil. www.chateaudeboulogne.com*

Château de Rochebonne

Accès — *Saint-Martin-de-Valamas, à 54 km de Privas. Bus 12 au départ de Valence jusqu'au Cheylard, puis, de la gare, suivre le GR 420A, dit « La Dolce Vita » (14 km A-R), aménagé sur l'ancienne voie de chemin de fer Le Cheylard-Lamastre, jusqu'au château. Difficulté : facile.*

EN PROVENCE

Le comté de Provence, à l'embouchure du Rhône, est un paysage hanté par la Tarasque et les dracs. Arles, la plus grande commune de France, s'étend jusqu'à la Camargue. Elle vit arriver les trois Maries, le Graal et, avant cela, la mort en extase d'Acella.

Les Alyscamps d'Arles

Arles, la ville des lions – qui dominent le pont de Lunel –, n'est-elle pas l'antique cité d'*Arelate*, où vivaient les Ligures ? Ma première étape, dans la vieille cité, est le théâtre antique, construit au Ier siècle av. J.-C. Sous les deux colonnes en marbre, appelées « les Veuves », là où des sacrifices avaient lieu, j'hésite à avancer, autant par fascination pour ces rares vestiges des fastes antiques que par prescience. Comme si je devais me concentrer dans un périmètre, je choisis le mur écroulé, au fond des gradins. Ici, sans doute, eut lieu la rencontre du centurion et d'Acella. C'est la danseuse que pleurent les Veuves. Je m'approche d'elles et leur demande où se trouve la tombe d'Acella ; elles m'indiquent qu'elle est en bas de la cité, dans la nécropole des Alyscamps.

Du théâtre, on se rend aux Alyscamps par le **Jardin d'été**. Après la statue de Niobé, une sortie mène à gauche boulevard des Lices, puis à droite avenue des Alyscamps. La chaussée tourne après le canal de Craponne, et bientôt la nécropole la poursuit en ligne droite.

Des scarabées font rouler de petits cailloux entre leurs pattes. L'allée de sarcophages ressemble à un *dromos*, ces voies bordées de sphinx menant vers un temple. Ici, les sphinx sont des tombeaux mérovingiens ; vides pour la plupart, ils offrent une auge aux animaux. Certains d'entre eux restent fermés : mâchent-ils toujours des cadavres ? Je frôle l'arc de l'ancienne chapelle Saint-Césaire-le-Vieux, à l'entrée, où des statues grimacent. Ont-elles été les témoins des sacrifices d'enfants que l'on aurait faits ici même, dans l'ancien temple de Diane, selon le poète Frédéric Mistral ? Sur la corniche du toit de la chapelle **Saint-Accurse**, un être hybride est sculpté : corps d'homme et queue gigantesque. Longtemps, une Vierge noire fut ensuite la gardienne des Alyscamps. Sur beaucoup de sarcophages, je note la présence de cupules – des entailles que la lumière du soir rend encore plus profondes. La cupule est un trou circulaire, qui ressemble à un petit bénitier : elle fut adoptée comme tel par les chrétiens.

Au bout de la fuite, voici l'**église Saint-Honorat**, avec sa tour-lanterne. Elle doit être tombée aux mains de quelques taricheutes – les embaumeurs. Deux colombes entrent dans l'église, et en ressortent apeurées. Des arbres aux mille écus, qui bordent l'allée, s'empressent de faire tomber leur butin dans les auges. À l'intérieur de l'église, un sarcophage aux acrotères sculptés de têtes d'hommes coiffées à l'égyptienne encadre un visage d'ange, solaire ; celui d'Héliogabale, l'empereur-prêtre du Soleil ?

PRÈS DES EAUX DORMANTES

Arles vient du gaélique *Arlath*, « près des eaux dormantes ». Le Rhône formait dans les Alpilles un marécage autour d'îlots, tous occupés par une même tribu ligure. Le mont de Cordes, à moins d'un kilomètre de l'abbaye de Montmajour, en conserve le plus important vestige : un hypogée nommé « temple de la Mort ». La grotte des Fées en signale un accès. C'est un couloir rocheux fait de dalles immenses, appuyées les unes contre les autres. Les plafonds portent comme les signes du zodiaque. Les Ligures furent chassés par les Sarrasins, qui nommèrent les lieux « mont de Cordes », une réminiscence de Cordoue.

Au Moyen Âge, les Alyscamps – du latin *Elysii campi*, lieu du séjour des héros après leur mort – formaient l'une des plus grandes nécropoles d'Occident. C'était le but d'un fret singulier. Les morts descendaient le Rhône depuis Lyon pour s'y faire inhumer ; leurs proches les attachaient à de simples planches de bois, l'argent des funérailles coincé entre leurs dents. Les preux de Charlemagne y auraient été enterrés par magie, laissant les Sarrasins pourrir sur la terre. Peu à peu, le cimetière fut amputé : des dix-huit églises qui composaient cette « plaine bossuée de tombeaux », telle que Dante la dépeint dans le chant de « L'Enfer » de sa *Divine Comédie*, ne reste que l'église Saint-Honorat. L'allée des sarcophages fut aménagée au XVIIIe siècle.

Le vent soulève une tempête de sable. Au milieu des grains, par nuées, filent des mots, des images, et ce que Théophile Gautier met dans la bouche de sa morte ressuscitée dans les cendres de Pompéi, Arria Marcella : « On n'est véritablement morte que quand on n'est plus aimée ; ton désir m'a rendu la vie, la puissante évocation de ton cœur a supprimé les distances qui nous séparaient. » J'allais étreindre les sables avant que le mistral n'altère ma vision. Et l'église Saint-Honorat, tel un scarabée d'or, m'apparaît le soleil entre ses pattes (ou ses arcades, je n'arrive plus à distinguer).

Une partie de la nécropole est interdite d'accès. Il y a des choses, enroulées de blanc, posées à même la terre et à intervalles réguliers… Je tourne les talons. Les embaumeurs pourraient sortir d'un moment à l'autre. Comme j'éternue, je suppose que la plume de Maât est passée par là, et qu'une pesée des âmes est en cours. En Égypte, cette plume d'autruche est déposée sur une balance avec le cœur du mort pour vérifier si les poids des deux sont égaux. Si le plateau avec le cœur s'abaisse, le mort est dévoré par Âmmout, déesse au corps d'hippopotame, de crocodile et de lion.

« *Une partie de la nécropole est interdite d'accès. Il y a des choses, enroulées de blanc, posées à même la terre et à intervalles réguliers…* Je tourne les talons. »

LA CITÉ DE TARASCON

Au IVe siècle av. J.-C., le monstre de Tarascon est le géant Taurisque. Hercule, de passage, réussit à le vaincre. Plus tard, Taurisque renaît sous la forme d'une Tarasque, une gigantesque tortue à six pattes avec un dard. La Tarasque vit sous le rocher où se dresse maintenant le château, au bord du Rhône. Sainte Marthe de Béthanie aurait vaincu la bête.

Accès — *Tarascon, à 18 km d'Arles (gare TER).*

Visite — ***Château de Tarascon :*** *bd du Roi-René. Avr. : tlj. 9h30-12h30 et 14h-17h ; mai-sept. : tlj. 9h30-12h30 et 13h45-18h30 ; oct.-mars : mar.-dim. 9h30-12h30 et 14h-17h. Tarif 7,50 €. 04 90 91 01 93, www.chateau.tarascon.fr* ***Chapelle Saint-Gabriel :*** *bus 221, 227 ou A20 depuis la gare de Tarascon, arrêt Saint-Gabriel. Visite lors des Journées du patrimoine. La chapelle est le point de départ de randonnées dans les Alpilles.*

Cité d'Arles

Accès — *Gare TGV.*
Visite — Pass Avantage *(tarif 16 €)* ou Pass Liberté *(tarif 12 €) pour accéder aux monuments et musées du Pays d'Arles.*

« *Là, sous l'ermitage Saint-Pierre, dans le jardin de l'abbaye frangé d'eucalyptus et de saules d'argent, les haies font mille et une danses, comme si un sylphe les tenait en lignage. L'autre monde commence ici,* le *Sid* »

L'abbaye de Montmajour

Lorsque je grimpe vers l'entrée de l'abbaye, j'ai la vision antique de cet îlot sacré auquel on accéda longtemps en bateau. Puis Teucinde, fille d'un comte d'Apt, légua sa petite montagne aux moines bénédictins. Dès 948, ces derniers construisirent sur ce rocher une **abbaye** dédiée à saint Pierre. Deux siècles furent nécessaires aux travaux d'assèchement. Durant cet ouvrage, des tombes creusées à même le roc sont mises au jour. C'est ce que le visiteur découvre en tout premier. Quand il pleut, les trous dans le sol font des baignoires. On ne voit plus les corps, qui reposaient sur des coussins de pierre, mais la forme humaine de ces cavités est un sinistre mémento.

Derrière l'église abbatiale, je suis attiré par un gigantesque palais en ruine. C'est **le monastère**, construit en 1703 par une congrégation mauriste. Les bénédictins, fondateurs de Montmajour, avaient été renvoyés par Louis XIII, car ils n'assuraient plus leur autonomie, ne créant que du désordre. L'ordre mauriste, nouvellement créé, réputé plus proche de la règle de saint Benoît, devait donc réformer Montmajour. Fous de rage, certains bénédictins saccagèrent les lieux avant de partir, mais quelques-uns parmi eux acceptèrent la cohabition. Les bénédictins exclus ont-ils jeté le mauvais œil sur Montmajour ? En 1704, l'effondrement du dortoir et de la cuisine emporte plusieurs moines ; d'autres périssent en 1726, dans une série d'incendies. Mais le coup de grâce vint en 1791, quand Mme Roux-Chatelard acheta l'abbaye de Montmajour aux enchères. En toute illégalité, elle démantela aussitôt le palais Saint-Maur. « Les portes, les fenêtres, les lambris, les charpentes de toute espèce avaient disparu [...] ; elle avait vendu jusqu'aux tuiles et aux moellons ! » note l'archéologue Pierre Véran en 1795. Entre-temps, Roux-Chatelard revendit Montmajour, puisque insolvable. L'ombre de la bienfaitrice, Dame Teucinde, et celle de la fossoyeuse, s'affronteraient parfois dans le silence monacal.

Le cloître de Montmajour s'ouvre au pied du **palais Saint-Maur**. Achevé au XIIIe siècle, il a échappé de peu au marteau de Roux-Chatelard, mais fut quand même dépouillé par les propriétaires suivants. Seuls, restent ses sculptures, consoles et chapiteaux, qui font de lui un grimoire bien secret. Notez d'abord les deux statues décapitées, à l'entrée du réfectoire : elles représenteraient le roi Salomon et la reine de Saba. Non loin reposent les premiers comtes de Provence. Quant à la centaine de chapiteaux et consoles, elle est des plus étonnantes. On y trouve le motif celte du « végétal habité », où une tête humaine surgit des buissons, comme l'Homme Vert ; ou encore Jonas et Tantale qui avoisinent la fameuse Tarasque.

Au sommet de la **tour Pons de l'Orme** (XIVe siècle), on aperçoit à quelques mètres de l'abbaye, bien avant les monts des Alpilles et la montagne Sainte-Victoire, la **chapelle Sainte-Croix** qui hausse son campanile. Elle attirait les foules au pardon de Montmajour. Celles-ci venaient y toucher un fragment de la Vraie Croix du Christ, trouvée sous le Golgotha.

Quittant la tour, je descends vers l'**ermitage Saint-Pierre**, creusé dans la muraille. Récemment restauré et ouvert à la visite, c'est l'endroit le plus saisissant. Il fut la première construction de Montmajour, au XIe siècle. Ici aurait séjourné un moine ayant occupé « le plus haut rang de la hiérarchie bénédictine ». Un soupirail annonce le jardin. Nous sommes à la fin du mois d'octobre, et les arbres oscillent comme un rideau sur le point de se lever.

Abbaye de Montmajour

Accès — *Route de Fontvieille, à 5 km du centre d'Arles. Bus 57 au départ de la gare d'Arles.*

Visite — *Avr.-mai : tlj. 10h-17h ; juin-sept. : tlj. 10h-18h30 ; oct.-mars : mar.-dim. 10h-17h. Tarif 6 €. Attention : on ne peut accéder qu'à l'hypogée du Castelet (le temple de la Mort) ; les autres sont situés sur des propriétés privées. Depuis Arles, l'hypogée du Castelet est signalé à gauche de la route vers Fontvieille, peu après Montmajour.*

Là, sous l'ermitage Saint-Pierre, dans le jardin de l'abbaye frangé d'eucalyptus et de saules d'argent, les haies font mille et une danses, comme si un sylphe les tenait en lignage. L'autre monde commence ici, le *Sid* ; les restanques, les murets provençaux de pierre sèche, sous la garde des cyprès, en marquent la frontière.

Un moine se tient dans le feuillage. Son index posé sur la bouche comme une bougie, il m'implore de rester discret. Est-il le mystérieux maître de l'ermitage, au plus haut rang de l'ordre bénédictin ?

A-t-il assisté ma quête ? Et c'est comme si le Sanglier Blanc, que j'avais suivi de Mortemer à la Camargue, retournait dans sa bauge – l'ermitage. Tout se fond au-delà du *Sid*, dont l'entrée scintille entre les arbres. Je vois, à une trentaine de kilomètres, aux Saintes-Maries-de-la-Mer, les trois Maries apporter la religion qui allait pétrifier bien des Tarasques. Il y a Marie-Madeleine, la supposée épouse du Christ, en tout cas pécheresse repentie ; Marie Salomé, mère des apôtres Jacques et Jean ; Marie Jacobé, sœur de la Vierge Marie ; Lazare et sa sœur Marthe, arrivés en Camargue avec elles ; et la servante de Marie Jacobé : Sara l'Éthiopienne, la future Kali des Gitans, et certainement modèle des Vierges noires. Ces trois Maries sont présentes aux Baux-de-Provence par la stèle des Trémaïe.

Pendant qu'à Montmajour les hommes s'enterraient dans les rochers, Marie-Madeleine mourut retirée dans les **grottes de la Sainte-Baume**, *nemeton* où les papes, les rois et les présidents de la République interdirent de tout temps qu'on coupât des plantes, qu'on fauchât les arbres, comme si une force les sanctifiait.

Et c'est par l'esquif des trois Maries qu'arrive en Gaule la coupe la plus fantasmée de tous les temps : le Graal.

Site funéraire des Trémaïe

Accès — *Route de Baumanière, Les Baux-de-Provence, à 15 km d'Arles.*

Grotte de Sainte-Marie-Madeleine et forêt de la Sainte-Baume

Accès — *Route de Nans, Plan-d'Aups-Sainte-Baume, à 30 km de Marseille. Au départ de l'Hostellerie de la Sainte-Baume (parking gratuit à l'office de tourisme) via le GR 9 ou depuis le parking des Trois-Chênes, situé quelques centaines de mètres après l'hostellerie, sur la D 80, via le chemin des Roys. Compter 45 min de marche.*

Visite — *Avr.-sept. : tlj. 7h30-18h30 ; oct.-mars : tlj. 8h30-17h. Accès libre. 04 42 04 54 84, www.saintebaume.org*

QUAND PARTIR ?

Les saisons celtiques, la Saint-Jean d'été, les douze jours entre Noël et l'Épiphanie... autant de périodes où, visitant quelque lieu féerique, vous multiplierez vos chances de rencontrer des fées ou de trouver un trésor. Lorsque c'est possible, choisissez l'heure du crépuscule ; c'est celle que préfèrent les êtres mystérieux.

La Saint-Jean d'été

Les quatre jours séparant le solstice d'été (21 juin) de la Saint-Jean-Baptiste (24 juin) sont particulièrement favorables aux épiphanies. Ainsi, dans l'eau des lavoirs, vous verrez les fées. Au château de Martinvast, près de Cherbourg (Normandie), la petite Sophie vous demandera de l'huile. Attention cependant, quelques apparitions sont redoutables durant la nuit de la Saint-Jean d'été : à Locronan (p. 252), si vous entendez crier la reine Dahut du fond de la cité engloutie d'Ys, vous pourriez bien mourir dans l'année... Au cratère du Pal, en Ardèche, ne vous risquez pas à danser avec le moine qui vous prendra par la main. N'est-ce pas à la veille de la Saint-Jean d'été que Merlin retrouve Viviane près de la fontaine du jardin de Joie ?

Samain et Beltaine

L'autre temps favorable est la fin du mois d'octobre, où tout prend couleur de miel. La pierre est tendre, douce, et les ombres s'allongent peu à peu dans les feuilles mortes qui font le bruit d'un grimoire. Si vous êtes en Provence, rendez-vous aux Alyscamps d'Arles (p. 242) ou à l'abbaye de Montmajour (p. 249) ; vous y surprendrez les Dames Teucinde et Roux-Chatelard se disputer les ruines du palais Saint-Maur. La nuit fatidique entre toutes est celle de *Samain*, du 30 octobre au 1er novembre. Pour les Celtes, elle inaugurait la saison sombre. C'est la fête du passage ; la nuit des sacrifices chez les druides irlandais. Chaque tumulus, menhir, tertre devenait la frontière ouverte du *Sid* (l'au-delà) : les vivants peuvent y faire une incursion ; et les morts, qui en sortent, rôdent dans les rues. Plus que le monde des défunts, l'autre monde celtique désigne celui des fées, des dieux éternels. Les femmes de l'autre monde viennent aussi chercher leurs « époux » parmi les vivants. Enfin, toujours dans les traditions celtiques, le mois de mai ouvre la saison claire, *Beltaine*. Dans la nuit du 30 avril

au 1er mai, les fées changent de colline – mais n'aiment pas être aperçues. Cette fête de *Beltaine* est parfois confondue avec la nuit de Walpurgis, qui, à la même date, voit des sabbats enflammer les forêts d'Alsace, comme le Taennchel (p. 24).

Les douze jours

Les douze jours séparant Noël de l'Épiphanie – comme l'intervalle des douze coups de minuit – sont des dates clés, où les trésors se laissent prendre. Ainsi, pendant la messe de Noël, rendez-vous au donjon de la Boursidière, en forêt de Verrières, ou sous la Croix percée de Neaufles (p. 230) ; mais, attention, ne vous laissez pas éblouir au point d'oublier le réveil des démons. L'Épiphanie est la journée du retour de Dunois au château de Blandy-les-Tours (p. 89). Rappelons que cette période magique, autour de la Saint-Jean-l'Évangéliste (27 décembre), est le pendant de celle de la Saint-Jean-le-Baptiste, six mois plus tôt.

L'épreuve de l'épervier

Le 23 juin, une fée (sous l'apparence d'un épervier) vous demandera de veiller trois jours et trois nuits, près d'elle, dans un vieux château abandonné. Si vous tenez jusqu'au 25 juin, vous pourrez l'épouser, elle vous fera chevalier du monde ; mais si vous échouez, vous serez prisonnier du château pour toujours. Cette épreuve est instituée par Mélior, l'une des sœurs de la fée Mélusine. Précisons que le mot *épervier*, en grec, est *kirkos* ; il est probable que le « cercle » qu'il désigne soit celui du cycle des saisons, régi par les solstices.

Glossaire

Basilic (le)

France entière > Fond des puits

Le basilic – « petit roi » –, est un serpent à tête de coq, sorti d'un œuf de poulet couvé par un crapaud. Il niche au fond des puits, ce qui explique parfois la mauvaise odeur qui s'en exhale. Ne jamais regarder un basilic dans les yeux est une règle d'or. Vous munir d'un bouclier portant un miroir, comme Alexandre le Grand, peut être la solution. Les basilics sont nombreux dans le massif du Morvan, entre Vézelay et les grottes d'Arcy-sur-Cure (voir p. 175). Ne pas confondre le basilic avec le *cocatrix* ; ce dernier porte des ailes.

Chasseurs Noirs (les)

France entière > Forêts, grottes, cumulonimbus

Difficile de distinguer hommes sauvages et chasseurs noirs. Le Grand Veneur de **Fontainebleau** appartient aux deux catégories ; mais c'est un homme sauvage moins timide que ceux qui peuplent le Velay, dans les grottes et de Rochelambert et de **Lavoûte-Polignac**. En Vendée, la Garache, femme-louve, prend part à la chasse du seigneur Gallery. À cause d'un sacrilège, Gallery doit chasser dans le ciel, les nuits de tempêtes, parmi les goules. Malheur à qui le regarde passer : il serait emporté. Même phénomène à **Ribeauvillé** (voir p. 15), avec le seigneur Anselme, dit « le Cruel ».

Cheval Mallet (le)

Poitou > Routes isolées, marais, mégalithes

Le cheval Mallet est un cousin du *Pooka* irlandais et du *Kelpie* d'Écosse : un esprit trompeur, qui prend la forme du cheval. Il surgit la nuit et propose son aide au voyageur fatigué. Si le voyageur accepte, le voilà entraîné dans une course folle qui s'achève dans la mort. Au Moyen-Âge, un cheval *malet* ou *mailler* était un cheval brancardier : l'un d'eux a sûrement été dévoyé. Le cheval Mallet est particulièrement craint route de la Belle-Étoile, à **Saint-Benoist-sur-Mer** (voir p. 226), près d'un menhir nommé Palet de Gargantua. Pour contrer ce cheval, portez la médaille de saint Benoist.

Dracs (les)

Provence > Delta du Rhône

Les dracs sont de petits dragons ayant colonisé l'estuaire du Rhône. Depuis le fleuve, ils attirent les humains sous l'apparence d'une bague ou d'une coupe en or ; mais lorsqu'on étend ses bras, des griffes nous engloutissent. Devenue la nourrice d'un drac, une femme put repartir, après sept ans de mission. Avant, elle devait enduire le corps du dragonneau de graisse humaine, pour se le rendre invisible ; mais elle oublia de se laver les mains, et se frotta les yeux ! Plus tard, lorsqu'elle rencontra le jeune drac au marché de Beaucaire, elle le salua publiquement. La bête lui creva les yeux.

Dryades et sylphes

France entière > Arbres, tourbillons, cirrus

Ce sont les êtres les plus aimables que l'on puisse rencontrer. Les dryades sont des fées attachées aux arbres, surtout aux chênes, puisque les méliades s'occupent des frênes, et les napées des vallons boisés. Les dryades peuvent se déplacer, contrairement aux hamadryades qui meurent si on ccupe leur arbre-résidence. La **forêt du Duc** (voir p. 39) était peuplée de dryades, le jour de mon passage. Les sylphes et sylphides, esprits de l'air, passent pour donner l'inspiration aux poètes. Dans *La Tempête* de Shakespeare, Ariel est un sylphe, condamné à vivre douze dans le tronc d'un pin.

Faramines (Bêtes)

France entière > Cours d'eau

La Tarasque du Rhône, la Bête Farrigaude de Fausses-Reposes et celle du Troussepoil, du côté d'Angles appartiennent à la famille des bêtes Faramines. Ce sont, dans le meilleur des cas, des monstres noirs qui se nourrissent de crapauds ; dans le pire, d'humains. En Vendée, la bête Faramine apprécie les douves des vieux châteaux, et nichent la nuit dans les *cahurauds*, gros nuages noirs. Une autre Faramine habite le Marais poitevin, près de l'**abbaye de Maillezais** (voir p. 222). Elle saute sur votre dos, et s'en va toute seule, avec des bruits de chevaux qui rechignent et de battement de mains.

Goubelins, Korils, Fradets, etc.

France entière > Forêts, mégalithes

En Normandie, le lutin prend l'apparence d'un chat qui vous donne son trésor si vous relevez son défi : ne pas s'endormir avant lui. Souvenez-vous : « Quand dort le Goubelin, le trésor revient ». En Bretagne, les *korils* ou *korrigans* dansent autour des menhirs en chantant les jours : « Lundi, mardi, mercredi ! », et s'arrêtent ; apprenez-leur : « jeudi, vendredi, samedi ! », mais pas le dimanche, car ce jour ne rime pas avec les autres, et provoquerait leur ire. Ou dites : « Et le dimanche aussi, et voilà la semaine finie ! » Les fradets sont les lutins de Vendée ; les kobolds, ceux d'Alsace.

Mandragore (la)

Au sud de la Loire

La mandragore est une plante-créature ; Pline l'Ancien parle même de spécimens mâles et femelles. Quand on la coupe, elle pousse un cri strident. Dans certaines régions, elle est appelée *matagot*, comme le chat d'argent (autrefois représenté en gargouille ailée, et protecteur d'un trésor). En Poitou, où la mandragore est cultivée comme plante médicinale, un serpent nommé « main de gaure » favorise ses propriétaires. On le confond avec la « main de gloire», coupée sur le cadavre d'un criminel et servant de bougeoir. – Mode passée après le XVIIIe siècle ; on lui préfère d'autres porte-bonheurs.

Salamandre (la)

France entière

La salamandre fantastique n'est pas l'espèce de lézard que l'on croise parfois aux bords de nos routes : c'est un être qui naît dans les flammes. François Ier en fit même son emblème, avec la devise: *Nutrisco et extinguo* (« J'y vis et je l'éteins »). Le venin des salamandres est glacial, c'est pourquoi les Égyptiens représentaient un homme mort de froid par le hiéroglyphe d'une salamandre. Le château d'**Azay-le-Rideau** (voir p. 156) et le puits de la Dame, à **Arcy-sur-Cure** p. 175) comptent les plus grandes assemblées de salamandres en France métropolitaine.

Vouivre (la)

Bourgogne, Franche-Comté, Bourbonnais > Cours d'eau

La Vouivre, ou Wyvern, serpent de feu, porte l'escarboucle dans son nom même, puisque « Vouire » – comme le prononcent les Francs-Comtois –, est proche des termes antiques *Gwer* ou *Gwor*, qui ont donné *Warm* en Angleterre et *four* chez nous. Qu'on la nomme ou qu'on la sculpte, en tout lieu, la Vouivre signale un culte d'ancienne déesse-mère. La vouivre est particulièrement visible le soir, près de la **cascade de Vaux-sur-Poligny**, dans le Jura (voir p. 167).

BIBLIOGRAPHIE

: **ALLEAU, René** (Sous la direction de), *Le Guide de la France mystérieuse*, Paris : Éditions France Loisirs, 2005.

: **ALTENBACH, Gilbert, LEGRAIS, Boune**, *Lieux magiques et sacrés de France*, Paris : Robert Laffont, 1987.

: **ARZ, Claude**, *À la découverte de la France mystérieuse*, Paris : Sélection du Reader's Digest, 2005.

: **AUDINOT Didier**, *Histoires étranges et mystérieuses en Poitou et Pays de Loire*, Beauvoir-sur-Mer : L'Étrave, 2003.

: **BOUSSEL, Patrice**, *Guide de l'Île-de-France mystérieuse*, Collection Les Guides Noirs, Paris : Tchou, 1969.

: **BRASEY, Édouard**, *Démons et Merveilles*, Paris : Le Chêne, 2010.

: **CLÉBERT, Jean-Paul**, *Guide de la Provence mystérieuse*, Collection Les Guides Noirs, Paris : Éditions Sand/Tchou, 1986.

: **DELMAS, Marie-Charlotte**, *Fantômes et revenants : le monde de l'au-delà*, Collection Le grand Légendaire de France, Paris : Omnibus, 2006.

: **FEARSON, Erick**, *Hantise en Normandie*, Hallennes-lez-Haubourdin : The Book Edition, 2009.

: **GAUTIER, Théophile**, « Aria Marcella », *Romans, contes et nouvelles, tome II*, Bibliothèque de la Pléiade, Paris : Gallimard, 2002.

: **LAUDIER, Benoît**, *Lieux et sources de légendes*, Collection La France Secrète et Mystérieuse, Guides Gallimard, Paris : Gallimard, 1996.

: **LOURAS-POURRAT, Annette**, *Guide de l'Auvergne mystérieuse*, Collection Les Guides Noirs, Paris : Éditions Tchou Princesse, 1976.

: **MARSDEN, Simon**, *Journal d'un chasseur de fantômes*, Paris : Éditions Abbeville, 1995.

: **MARSDEN, Simon**, *La France hantée*, Paris : Flammarion, 2006.

: **MASSON, Jean-Robert** (Sous la direction de), *Guide du Val de Loire mystérieux*, Collection Les Guides Noirs, Paris : Éditions Tchou Princesse, 1980.

: **MÉNARD, Cécile**, *Contes et légendes de Vendée*, Rennes : Ouest-France, 2001.

: **MILLERON, Patrice**, *Croyances et Mystères de France*, Clermont-Ferrand : Éditions De Borée, 2008.

: **MOZZANI, Éloïse**, *Légendes et mystères des régions de France*, Paris : Robert Laffont, 2014.

: **NERVAL, Gérard** (de), *Les Filles du feu - Aurélia*, Collection Folio, Paris : Gallimard, 1972.

: **NERVAL, Gérard** (de), *Aurélia* précédé de *Les Nuits d'Octobre, Pandora* et de *Promenades et Souvenirs*, Collection Folio classique, Paris : Gallimard, 2005.

: **PENOT, Natasha**, *En Forêt : 500 idées pour des escapades nature en France*, Collection Voyages Gallimard, Paris : Gallimard Loisirs, 2021.

: **QUÉNOT, Katherine**, *Le Vrai Visage des Fées*, Paris : Hugo Desinge, 2013.

: **RONECKER, Jean-Paul**, *Sites mystérieux et légendes de nos provinces françaises*, Paris : Trajectoire, 2006.

: **SHAKESPEARE, William**, *Hamlet*, Trad. Yves Bonnefoy, édition de 2016, Collection Folio classique, Paris : Gallimard.

: **WALTER, Philippe**, *La Fée Mélusine : le serpent et l'oiseau*, Paris : Imago, 2008.

: **WALTER, Philippe**, *Mythologie chrétienne*, Paris : Imago, 2011.

A

B

C

I

J

L

M

N

O

P

R

S

T

V

REMERCIEMENTS

Je suis très reconnaissant à toutes les âmes qui ont permis la réalisation de ce livre, et de ces voyages (depuis 2009). De grands mercis, en particulier :

À l'équipe de Gallimard Loisirs : Hélène Firquet, directrice éditoriale, pour son enthousiasme et sa confiance ; **Laura Gélie**, responsable éditoriale, pour son attention, ses remarques ; **Bertrand Lauzanne**, chef éditeur, dont la compagnie et l'œil de lynx ont rendu ce projet si accompli ; **Flora Monnin**, responsable artistique, pour ses idées et conseils d'amélioration ; **Magali Vidal-Revel** pour la lecture-correction attentive, ainsi qu'à **Julien Recurt et Christine Lopes** pour le soin de la fabrication.

Au Bureau des Affaires Graphiques (BDAG), en particulier à **Cécile Bernier**, directrice artistique et cheffe de studio, pour cette si belle mise en page, et à **Nicolas Heurteaut** pour ses cartes et iconographies fabuleuses.

À Walrus, dont les illustrations espiègles ornent le glossaire.

À tous les propriétaires, conservateurs, agents et organismes pour la sauvegarde du patrimoine, et qui permettent qu'on vienne rêver dans leurs domaines. En particulier, merci aux propriétaires de certaines demeures qui m'ont exceptionnellement ouvert leurs portes, hors Journées du patrimoine : **Mme de Caffarelli** (Château de Vaux-sur-Poligny) et **Mme Bos** (Château de Cropières).

POUR LEUR « TROISIÈME ŒIL », merci à **Marie-Jeanne Gil**, **Esther Gil et Laurent Paturaud** (*genii loci* du Bourbonnais).

À DES PRÉSENCES PLUS DISCRÈTES, qui se reconnaîtront.

À MA FAMILLE, pour leur amour : merci **Anne**, **Solenn** (dont les avis comptent tant !) et **Gabriel** (pour le prêt de sa chambre).

Je dois beaucoup à **Martin de Waziers** (*Alpha Omega Capital*), mécène, dont le soutien sans faille m'a permis de réaliser certains voyages (Périgord, Alsace, Cornouaille, Jura, Cantal), et surtout d'avoir la liberté de développer ce projet. Je le remercie vivement.

ALPHA OMEGA CAPITAL

CRÉDITS PHOTOGRAPHIQUES

Toutes les photographies de l'ouvrage sont l'œuvre de Dimitri de Larocque Latour.

www.larocquelatour.com

En couverture, sur la photo du haut, se trouve l'œuvre de Jean-Pierre Schneider intitulée *Chiens d'arrêt*, 2015.

Dans la même collection

2 jours pour vivre, 1 samedi + 1 dimanche et parfois 1 RTT
Les petites routes, escapades buissonnières en France
En forêt, 500 idées pour des escapades nature en France
Randonnées autour de Paris, 40 balades pour prendre l'air
À vélo, 50 itinéraires pour pédaler le nez au vent
Trains de nuit, 30 trajets inoubliables en Europe
En pleine nature, 50 voyages pour se mettre au vert
Aventures en famille, 50 idées pour voyager au grand air avec ses enfants
En train, 32 itinéraires pour voyager autrement en Europe
Îles Secrètes en Europe, 50 idées pour prendre le large

DIRECTRICE ÉDITORIALE : Hélène Firquet
ÉDITION : Bertrand Lauzanne, avec Laura Gélie
AUTEUR ET PHOTOGRAPHE : Dimitri de Larocque Latour
RESPONSABLE ARTISTIQUE : Flora Monnin
DIRECTRICE ARTISTIQUE, CONCEPTION GRAPHIQUE ET MISE EN PAGES : Le Bureau des Affaires Graphiques, Cécile Bernier
CARTOGRAPHIE ET ILLUSTRATIONS DES LÉGENDES : Nicolas Heurteaut
ILLUSTRATIONS DU GLOSSAIRE : Walrus
RESPONSABLE DES COÉDITIONS INTERNATIONALES ET DES PARTENARIATS B2B : Mathilde Barrois
CHARGÉE DE PARTENARIATS B2B : Manon Aveline
RELATIONS PRESSE : Sophie Gallet
FABRICATION : Julien Recurt, Christine Lopes
LECTURE-CORRECTION : Magali Vidal-Revel
PHOTOGRAVURE : IGS-CP (L'Isle d'Espagnac)

Remerciements à Mathilde Hamel pour son aide précieuse

Achevé d'imprimer en septembre 2022
sur les presses d'Indice (Espagne)
Dépôt légal : octobre 2022
Numéro d'édition : 548173
ISBN : 978-2-7424-6446-3

PEFC PEFC/14-38-00202